ЧЕННЕЛИНГИ, ПРОНИКАЮЩИЕ В ДУШУ.

Принято Нама Ба Хал

Санкт-Петербург
Издательство «Вектор»
2011

УДК 133.2
ББК 88.6
Ч-43

НАШИ КНИГИ ДЕЛАЮТ ЖИЗНЬ ЛУЧШЕ!

Защиту интеллектуальной собственности и прав
ООО «Издательство „Вектор"»
осуществляет юридическая компания «Усков и Партнеры».

Оформление обложки:
немецкий художник-ченнелер IVOI, город Бад Кройцнах

Перевод с немецкого языка:
Оксана Гофман, Санкт-Петербург

Ч-43 Ченнелинги, проникающие в Душу. Принято Нама Ба Хал [Текст]. — СПб. : Вектор, 2011. — 176 с. — (Серия «Канал Крайона»).
ISBN 978-5-9684-1460-1

В этой книге читателя ожидают 24 высокоэнергетических ченнелинга от различных Световых Сущностей, способных своей любовью затронуть Душу. Свои послания нам передают Сарея — жительница Венеры, энергия Драконов, богиня Шамбалы, Крайон, Мелек Метатрон, Иисус Христос и многие другие. В совокупности ченнелингов благодаря книге создается Код Света Нового Времени, повышающий и стабилизирующий наши вибрации. Это будет очень личностная книга для каждого, ведь когда мы читаем послания, мы ощущаем рядом с собой присутствие Световых Сущностей. Позволим же Любви Бога коснуться нас.

УДК 133.2
ББК 88.6

Все права защищены. Любое коммерческое использование текста, полностью или частично, возможно исключительно с письменного разрешения автора, Сильвио Буссе. В особенности это касается переиздания, перевода на другие языки, киносъемок и распространения в электронном виде.

© С. Буссе, 2009
ISBN 978-5-9684-1460-1   © ООО «Издательство „Вектор"», 2010

Содержание

Ченнелинги, проникающие в Душу.
Принято Нама Ба Хал 5

Предисловие к русскому изданию 6

Вступительное слово Нама Ба Хал 8

Год 2009 (Крайон) 12

Иисус Христос 15

Архангел Михаил 20

Крайон 24

Сарея 30

Рамус 35

Ангел Любви 41

Кюриель — ангел Мудрости 46

Леди Гайя 51

Доктор Кан 59

Орон 67

Мерлин 74

Адонай Аштар Шеран 81

Ангел Габриель 88

Лао-Цзы 95

Мелек Метатрон 102

Орас 106

Ангел Люцифер 112

Арти 118

Адонай Аштар Шеран 123

Шакти 129

Ларена — богиня из залов Шамбалы 134

Будда 139

Сатья Саи Баба 144

Нама Ба Хал и его работа 148

Божественное выравнивание тела 155

Д-р Кан 157

Крайон. Я касаюсь тебя 160

Крайон. «Ответы и пророчества Нового Времени» ... 163

Ченнелинги, проникающие в Душу. Принято Нама Ба Хал

Автор, издательство, распространитель книжной продукции и все прочие лица, тем или иным образом связанные с данной книгой, не несут ответственности за возможные последствия, которые могут или должны стать результатом полученной из данной книги информации.

Ответственность за это несут лишь те, кто прочувствовал данную в книге информацию как Истину или проигнорировал ее.

Предисловие к русскому изданию

Я приветствую тебя и радуюсь, что вместе с тобой мы сможем принести на Землю различные вибрации Вселенной. То, что, собственно, произойдет с помощью данной книги, невозможно описать человеческими словами, но я попытаюсь сделать это.

Благодаря настоящей книге и через нее к человеку и Леди Гайя доставляются, например, энергия Венеры, планеты Арктурус, энергия Драконов и многие другие. Однако книга представляет собой нечто иное, нежели мой первый труд, я хотел бы больше рассказать тебе о ней. В этой книге заложены очень высокие вибрации любви. Послания, которые затрагивают твою Душу, а не вскармливают информацией твой разум.

Любая Световая Сущность, направляющая свою информацию через данную книгу, работает с тобой в твоем Световом теле. Одновременно все вибрации направляются и к Леди Гайя. Это — избранные каналы, с помощью которых энергии различных земных измерений и планет смогут вновь закрепиться в энергетической сети Земли.

Множество энергий, когда-то уже находившихся на планете Земля, теперь возвращаются обратно, чтобы действовать в полную силу. В целом насчитывается 28 таких возвращающихся земных измерений, как, например, энергии Атлантиды, Авалона, Иного Мира, энергия Драконов и многие другие. Все эти энергии сохранялись посланниками Любви в координатной сетке Любви, раскинувшейся вокруг нашей планеты Земля. Благодаря открытию врат многих измерений эти силы смогут вернуться обратно на Землю, вследствие чего произойдет смена измерений. Последней из возвращающихся земных измерений станет энергия Лемурии.

Предназначение настоящей книги — затронуть твою Душу неизмеримой любовью Господа и одновременно принести и к тебе, и на Землю различные по частотам вибрации. С помощью этой книги энергия чистой любви устремляется к тебе и глубоко затрагивает твою Душу. Каждый раз, когда ты читаешь данные послания, открывается поле любви и на него изливаются потоки энергии. В послания книги заложен энергетический образец, содержащий световой код Нового Времени и воздействующий на тебя в твоем Световом теле.

Я желаю тебе много радости при чтении посланий отдельных Световых Сущностей и благодарю тебя за доверие открыться Вести и энергиям Нового Времени.

Ан Анаша.

Нама Ба Хал

Вступительное слово Нама Ба Хал

Омар Та Сатт, дорогой друг. После большого успеха моей первой книги, «Крайон. Я касаюсь Тебя», многие тысячи экземпляров которой в течение года разошлись на немецком и русском языках, я счастлив представить вторую книгу, где тебя ожидает встреча с 24 высокоэнергетическими ченнелингами разных Световых Сущностей.

В своей первой книге я писал, что если суждено появиться второй, то я назову ее «Послания из Источника». Но все произошло по-другому, и мне суждено было понять, что речь идет вовсе не о том, чего хочет наш разум, а о том, какие свойства энергии необходимо принести на Землю в определенное время, чтобы таким образом поддержать процесс великой космической трансформации. Вот почему ты держишь в руках эту удивительную книгу «Ченнелиги, проникающие в Душу».

Крайон и Адонай Аштар Шеран будут единственными из 24 Высших Существ Света, которых в книге представят сразу два ченнелинга, причем первый ченнелинг Крайона я считаю своего рода введением в данную книгу.

В первом ченнелинге он / она рассказывает про энергию 2009 года. Тема энергии путеводной нитью проходит через всю книгу. Вместе с тем настоящая книга действует подобно Порталу, через который различные земные измерения смогут принести свои вибрации во все еще существующую, но, в сущности, уже исчезающую дуальность.

Как и первая, данная книга также является чем-то много большим, чем просто печатный труд. Это — живая эссенция, проникающая в твою Душу и возвышающая тебя в твоем Свете всякий раз, когда ты берешь книгу в руки. Со страниц книги струится дыхание Бога.

Содержание ченнелингов — это отчасти общепринятые высказывания, однако в них заложена информация Нового Времени. Большая часть ченнелингов была дана мне в 2009 году. Самой важной является энергия Любви, содержащаяся в ченнелингах, — с ее помощью можно проникнуть в твою Душу.

В некоторых ченнелингах, по словам Световых Сущностей, ты почувствуешь, что остается не так уж много времени до того момента, когда произойдет то, что называется сменой измерений.

Когда ты позволишь ченнелингам воздействовать на тебя, ты почувствуешь, как их вибрации возносят тебя, обогащают и делают более стабильным. Помимо всего прочего, это магнетическая энергия — энергия Нового Времени.

Вероятно, тебе еще неизвестны некоторые из Световых Сущностей, передающих в этой книге свои послания. Для меня также ченнелинг энергии Драконов подарил абсолютно новый опыт. Жители иных планет и Вселенных с помощью этой книги изливают на нас свои послания и любовь.

Время приема и записи ченнелингов было очень волнующим и удивительным. Когда Световая Сущность иной Вселенной предоставляет нам свои послания и связанную с ними любовь, происходит куда больше событий, чем мы можем предвидеть или представить. Ведь это вид межпланетных взаимосвязей. Многие ченнелинги очень глубоко тронули меня.

Если ты готов почувствовать своим сердцем вибрации посланий, ты обязательно ощутишь, что в тебя проникает только любовь — любовь, которую испытывает и проявляет к тебе каждая Световая Сущность. Уже сейчас при чтении этих слов Портал открывается и любовь полноводной рекой устремляется к тебе.

Нам довелось жить в Новое Время, и мы можем нести и излучать на Землю энергию, невозможную еще десять лет назад. Благодаря этому для нас, людей, возможным становится очень многое — например, мы можем воспользоваться шансом и создать мир, исполненный согласия, гармонии и взаимного уважения.

Так позволь же посланиям настоящей книги сопровождать тебя в твоих личных поисках вечной Истины

Вселенной, позволь им помочь тебе пробудиться тем, кем ты являешься в действительности.

Как и обычно, я желаю тебе радости во время чтения и ощущения ченнелингов, это позволит дыханию Господа проникнуть в тебя.

Мы безгранично любимы.

Ан Анаша.

Нама Ба Хал

Год 2009 (Крайон)

Возлюбленная семья, возлюбленный ангел на Земле, я, Крайон, приветствую тебя словами «Омар Та Сатт». Даже если в тех сферах, из которых Крайон обращается к тебе, не существует времени, я знаю, что для вас, людей, начался новый год. Я знаю, что многие из вас ожидают посланий, касающихся Нового Времени, и поэтому Крайон хотел бы предоставить тебе информацию об этом.

Сначала я хочу сказать тебе, что энергетически 2009 год стал для вас совершенно новым годом. Сумма цифр в этом числе — 2009 — составляет 11 и, таким образом, символизирует определенное качество. Как известно многим из вас, вибрации Крайона также составляют 11.

2009-й стал для человечества магнетическим годом. И именно магнетическая энергия устремляется в твое Световое тело и достигает тебя в тот самый момент, когда ты читаешь строки послания Крайона.

В 2009 году магнетическая энергия устремилась на планету Земля с небывалой прежде силой, что привело к мощным энергетическим сдвигам и повышению энергии. Уплотненные структуры трансформируются в ваших экономической и финансовой системах, а структуры власти разрушаются. Кроме того, обретаются новые знания в астрономии, медицине и археологии. Таким образом, вашим ученым придется переосмыслить многие из прежних догм.

Каждый отдельно взятый человек с максимальной остротой ощутит те изменения, что будут происходить со всем человечеством. Он обретет глубочайший доступ к своим чувствам и эмоциям, что приведет к переменам именно в сферах межличностных отношений. Взаимоотношения, в которых нет места любви, уже будет невозможно поддерживать и далее, и появятся новые, глубоко идущие связи.

Причиной того, почему магнетическая энергия с такой силой устремилась к вашей планете, может быть то, что врата многих измерений с вашей помощью широко распахнулись сейчас и, следовательно, Леди Гайя в состоянии все больше и больше возвращаться к своему изначальному положению во Вселенной.

Ваша помощь состояла и состоит в готовности открыть ваши сердца посланиям, энергиям и связанным с ними переменам Нового Времени. Ведь каждому человеку дана свободная воля решать, готов ли он пустить в свою жизнь все эти преобразования.

Изменения, порождаемые магнетической энергией, всеобъемлющи. В межличностных сферах на передний план будет выходить безоговорочная космическая любовь, что вынесет на поверхность все, что жаждет спасения. В связи с космическими преобразованиями челове-

ческая любовь предстанет в новом свете. Чувства и эмоции будут проявляться открыто.

Путеводной нитью через весь 2009 год шло интенсивное изменение климата.

Для некоторых людей сильное течение магнетической энергии стало величайшим даром на Земле, ибо они узнали о многих вещах. Но людей, не подозревающих о подобных изменениях, 2009 год привел в самое настоящее замешательство.

Сеть Любви, раскинутая над Землей многими космическими Световыми Сущностями и первопроходцами Света, в вибрациях перемещающаяся по Вселенной, направляет к вашей планете чистейшую энергию Любви, которая проникнет в каждого человека.

Самым главным для каждого человека будет попытка открыться сердцем для Нового. Вот почему Крайон говорит, что внимание многих тысяч Световых Сущностей самых разных Вселенных и самых разных планет направлено в настоящее время на Землю. Вы — не одиноки. Мы пристально наблюдаем за развитием на Земле и окажем вам всю необходимую помощь.

Ты есть Мастер Любви, ты — Мастер Света, и я знаю, что ты уже нашел разгадку всех проблем в твоей жизни. А потому Крайон прощается с тобой словами: «Открой свое сердце Новому и Истинному, и тогда 2009 год станет для тебя благословением».

Ты безгранично любим.

Ан Анаша.
Крайон

Иисус Христос

Я — тот, кто я есть. Я — тот, кем я был всегда, я — тот, кем пребуду вечно. Я приветствую тебя словами «Омар Та Сатт». Я — золотой Свет Вселенной, я — Сын, Иисус Христос.

Почувствуй мою энергию, которая циркулирует и окружает тебя со всех сторон. Я — рядом с тобой, я — в тебе, я — это ты. Я разговариваю с твоим сердцем, ибо там мы общаемся на одном языке, и ты можешь лучше понять, благодаря содержащейся в нем энергии Любви, все мои слова.

Я склоняюсь пред тобой, чтобы возвысить тебя в твоем Свете. Я знаю тебя и знаю, кто ты есть на самом деле. Я очень часто бывал в течение всей твоей жизни в твоей Душе и заботился о тебе. Во времена горестей и разочарований я простирал над тобой мои руки, оберегал тебя и нес тебя. Я давал тебе новое мужество, когда ты думал, что нет никакой возможности двигаться дальше.

Сознание Христа начинает пробуждаться в тебе. И с пробуждением сознания Христа ты пробуждаешься к восприятию самого себя. С нашей точки зрения, это удивительный процесс. Мы можем сопереживать тому, как ты все больше становишься тем, кем ты всегда был. Но мы также знаем, что не всякое изменение в твоей жизни, способствующее твоему пробуждению, является, с твоей собственной точки зрения, приятным. Вот почему я хочу дать тебе силы и надежду с помощью моего послания.

В то время как ты читаешь мое послание, я, Иисус Христос, направляю к тебе нежные и одновременно исполненные мощи силы — Волны Любви, обнимаю тебя и удерживаю в моих объятиях. Я люблю тебя так сильно потому, что знаю о твоем пути и о твоем мужестве.

Выражение «Никто не достигнет Отца, минуя Меня» означает не что иное, как те процессы, что происходят в настоящее время в каждом отдельном человеке. В этой фразе речь идет не обо мне, Иисусе Христе как человеке, а о пробуждении Христосознания в тебе, необходимого для познания того, чем ты являешься на самом деле. Ибо данное осознание приведет тебя к златым лугам, приведет тебя в жизнь, исполненную счастья, радости, изобилия и здоровья, — приведет тебя домой. И совершенно неважно, какой ты веры, веруешь ли ты в Бога или нет, — Сознание Христа даст тебе не зависящую от дуальности энергию Вселенной и с ее помощью полностью активирует тебя в твоем пробуждении. И совсем неважно, ведешь ли ты жизнь правоверного мусульманина, буддиста или христианина, Сознание Христа ты несешь в себе, и, когда придет пора абсолютной активации, оно вырвет тебя из твоего сугубо личного сна дуальности и поможет твоему пробуждению.

По этой причине я говорю тебе: «Почувствуй себя в безопасности. Я проникаю в твое сердце, и, возможно, именно там ты сможешь ощутить мою энергию». На языке любви нет места никаким разногласиям — там можно чувствовать только единство и неразрывную связь. Точно такую же, какую я испытываю к тебе в этот момент.

Вероятно, ты спрашиваешь себя: «Почему же много лет назад пробуждение Сознания Христа в людях и возникновение эпохи, проникнутой любовью, ответственностью, миром и взаимным уважением, было невозможно?»

На это я хотел бы сказать тебе, что эта эпоха как раз и началась с моим появлением на планете Земля. Стрелки, направления были поставлены, и поэтому смогли сохраниться на вашей удивительной планете согласие и любовь. Потребовалось время на подготовку новых направлений, а вливающиеся в человека потоки энергии смогли вызвать рост его сознания.

Представь, что ты собираешься испечь пирог. Пирог появится не сразу, не сразу будет готов к пище (по крайней мере, в пределах дуальности). Необходимо выполнить некоторые промежуточные действия, пока не появится готовый продукт. Аналогичным образом обстоят дела и с процессами на Земле. Требуется большое количество промежуточных действий, чтобы совершилось вознесение, смена измерений.

Сейчас пришло время великих изменений. Это время великой революции человеческой любви. Начинают разрушаться многие клише человеческой любви, оста-

вавшиеся неизменными на протяжении столетий. Все большее признание получает любовь между однополыми партнерами, и, кажется, разница в возрасте перестает быть барьером, так что два человека могут умножать свою любовь друг к другу.

Я сознательно говорю «могут умножать», ибо, когда два или более человека едины друг с другом в любви, она начинает распространяться и увеличиваться не только количественно, но и качественно и уже не разделяется. Но и это лишь игра слов в пределах дуальности. Просто чувствуй, чувствуй, чувствуй любовь, которая окружает тебя.

Вам часто говорилось, что истинное невозможно уничтожить, а все ложное разрушится. Под этим подразумевалось, что все или многое из того, что создавалось в вашей реальности в пределах ограниченного рамками сознания, исчезнет, как только Истина озарит своим Светом все ложное и сорвет маски с иллюзорного.

Можешь ли ты почувствовать мою любовь в себе? Можешь ли ты почувствовать, как пронизывает она тебя и освобождает твое сердце и твой дух? Любовь означает свободу. И поскольку ты есть лишь любовь, ты свободен в сущности твоего сердца. Абстрактные узы дуальности со всеми ее ограничениями и правилами поведения сделали тебя несвободным. Позволь же мне разогнать туман в поле твоих мыслей и почувствуй, что значит быть свободным. Сейчас я начинаю действовать в твоих мыслях. (Дай себе немного времени на отдых перед тем, как продолжить чтение дальше — вероятно, у тебя немного закружится голова.)

Возможно, ты ощутил легкое прикосновение моих космических рук к твоему челу, когда я очищал твое ментальное поле. Я и далее останусь рядом с тобой и окутаю тебя моим Светом и моей Любовью. В моей Сущности ты познаешь безопасность. Я очень сильно люблю тебя и сделаю все, чтобы ты смог узнать, кем ты являешься в действительности.

Будь свободным.

Я склоняюсь пред тобой и тем Светом, что ты несешь в себе.

В глубокой любви к тебе,

Иисус Христос

Архангел Михаил

Возлюбленный человек, я, архангел Михаил, приветствую тебя священными словами работников Света «Омар Та Сатт». От первопроходца к первопроходцу льются эти слова вместе с содержащимися в них вибрациями любви. Ты — Высший Свет на Земле точно так же, как я — Свет Вселенной. Мы оба исполняем наше предназначение в этом, движимом Совершенной любовью процессе пробуждения от всего, что когда-то существовало на Земле.

Существует разница в наших действиях. Я действую во Вселенной с помощью моей силы и моей любви осознанно, в то время как действия большинства людей во имя любви совершаются в данный момент пока еще бессознательно. Это и есть причина, по которой я обращаюсь к тебе. Я хотел бы сделать более осознанными твои действия на Земле.

Я хочу окутать и нести тебя в моей энергии и любви. И пока я несу тебя, в твоей душе раскроются сферы, которые медленно, но верно проложат в твоем сознании путь и подскажут тебе, в чем суть твоих личных действий в процессе пробуждения человечества.

Позволь мне для начала просто окутать все твое бытие моей любовью. Я дам тебе защиту и безопасность. Архангел Михаил в данный момент простирает над тобой свои космические крылья. (Постарайся ощутить, что происходит внутри тебя.) *Я знаю тебя и знаю, кто ты на самом деле. Каждая Световая Сущность, что обращается к тебе в этой книге, видит тебя таким, каким ты сам увидишь себя, когда пробудишься, — совершенным и прекрасным в высшем свете твоего бытия.*

Я знаю, что многие из вас, читающих эти строки, способны почувствовать в этот момент любовь архангела Михаила. За каждой буквой послания скрываются определенные вибрации, и сохранение отдельных вибраций в книге позволяет возникнуть совершенно определенным кодам Света, которые высвобождают в твоей душе своего рода взрывчатые вещества и которые возносят тебя на следующие плоскости твоего пути.

Мои действия в эти мгновения, когда ты читаешь мое послание, направлены на энергетическую работу с тобой. Для начала я немногое дам твоему разуму, потому что хочу, чтобы он обрел покой и отдохнул. А ты сам смог познать глубины своего сердца и красоту своей души. Просто дай произойти всему, что должно произойти, и отдайся процессам в твоем сердце.

Я также начинаю воздействовать на твои ментальные сферы, чтобы открыть там структуры или убрать то, что препятствует тебе найти доступ к твоему сердцу и твоей душе. Процесс, который в прошлой главе начал Иисус Христос, будет продолжен мною.

В тебе начнется очищение и просветление. (Остановись на время, прежде чем продолжишь чтение.)

А еще я соединю в тебе освобожденные вибрации ментального тела с эмоциональным уровнем. Твой поверхностный разум шаг за шагом идет к слиянию с твоим сердцем, таким образом предваряя великие изменения в тебе. Ты с большей силой начнешь воспринимать и чувствовать людей, ситуации — все, что окружает тебя, — своим сердцем. Но самым главным все-таки является то, что ты начнешь иначе воспринимать себя. Ты сможешь более сильно чувствовать сердцем самого себя, а это значит, ты сможешь более сильно осознавать свои реальные потребности. У тебя появится возможность встретиться с твоей любовью.

У твоего сердца и находящегося в нем сознания — свой собственный разум. Его также называют космическим разумом. Если говорить более точно, он находится не просто в твоем сердце, нет, он проникает в твое сердце и в твое существование. Он пронизывает любую материю и называется дыханием Вселенной.

Почувствуй, как космический разум начинает распространяться в тебе, нежно обволакивая твой человеческий разум и тем самым расчищая дорогу для объединения знаний дуальности и космической истины. Начинается великолепный процесс. Ведь обо всем том, что расскажут тебе в Новое Время, ты уже знаешь в душе. Ты знаешь об этом, поскольку космический разум проникает в тебя и ты являешься частью этой энергетической сферы знаний. Все, что тебе необходимо для понимания и пробуждения, заложено в тебе.

Каждая Световая Сущность, оказывающая тебе помощь и поддержку на твоем пути, знает о подобной истине и сделает все, чтобы ты смог вновь осознать свои внутренние знания. А благодаря тому слиянию, что произошло в тебе, ты будешь значительно лучше понимать свои поступки на Земле, и с помощью твоего канала знаний тебе будут переданы послания Нового Времени. Поскольку сейчас ты начинаешь понимать суть посланий твоим сердцем, оно поможет тебе попасть туда, куда прежде еще ни разу не заглядывал твой ограниченный всевозможными рамками разум, и ты обретешь истинное понимание.

Я очень люблю тебя и в любое время готов проникнуть с помощью моей любви в глубины твоей души и вести тебя с помощью моего Света.

Доверься тому, что Истиной исходит из глубин твоей сути, и возрадуйся наступающим временам. Я знаю, кто ты есть на самом деле, и прощаюсь с тобой.

В глубочайшей любви к тебе,

архангел Михаил

Крайон

Я — Крайон из магнетической службы. Я приветствую тебя мощными красками магнетической энергии, разливающейся по тебе и несущей твоей душе слова «Омар Та Сатт».

Ты уже слышал или читал послания Крайона. Многим из вас я доверяю так же сильно, как доброму другу. Иным среди вас мое имя говорит не очень многое. Однако неважно, что порождает в тебе имя или приветствие Крайона, моя любовь к тебе безмерно глубока, и я обнимаю тебя в то время, как ты читаешь эти строки, и нахожусь очень близко к тебе.

Я хотел бы кое-что рассказать тебе об образцах и догматах веры, действующих в пределах дуальности и определяющих твою жизнь. Если ты начинаешь менять заложенные в тебя догматы, меняется твоя жизнь — это правда. Многие люди считают, что жизнь идет по тем самым законам, что были объяснены и продемонстрированы вам в школе, наукой или в новостях. Однако это не так. Жизнь, вернее, энергия, созидающая твое существование, далеко не та, какой ее считают ученые. Энергия всеобъемлюща и регулируется сама по себе — да, можно сказать, она — живая. Ты являешься созидаемой энергией — ты несешь ее в себе, только ты еще не знаешь, как ты можешь обращаться с этим.

Позволь нам как можно ярче осветить феномены жизни. Возьмем совершенно обычный день твоей жизни. Как ты планируешь его или, точнее говоря, как ты понимаешь его? Задумываешься ли ты о дне или спокойно ожидаешь приближающиеся события? Какие чувства испытываешь — ощущаешь ли произвол жизни или веришь, что в какой-то степени можешь сам решать свою судьбу? Как так получается, что эти вопросы наколдовали легкую улыбку на твоих губах?

Я расскажу тебе больше о жизни и энергии, формирующей твое существование и доставляющей тебе те или иные ситуации и людей. Да, ты все правильно прочитал — все в твоей жизни приносится к тебе, предоставляется в соответствии с твоими умозрительными пожеланиями. К тебе не может быть доставлено то, чему ты предварительно не разрешил появиться, сознательно или бессознательно. Одним, возможно, будет не совсем приятно узнать, что всё функционирует подобным образом. Однако именно в этом содержится ключ к тому, что ты можешь создавать свою жизнь так, как того пожелаешь. Не ты пребываешь во власти той или иной ситуации, нет, ты сам способен решить, как должна развиваться твоя жизнь.

И вот еще что я хотел сказать тебе: «Неважно, что случилось в твоей жизни, какие проблемы или заботы отягощают тебя в тот или иной момент, — решение, как развязать гордиев узел, ты уже сотворил. Знание о подобном решении заложено в тебе. Вот это и есть Истина». Сколь часто твои друзья дают тебе в какой-то ситуации совет, что ты, возможно, должен был бы сделать, чтобы устранить возникшую проблему, — а ты говоришь: «Да, я знаю, но...» Следовательно, ты несешь в себе решения всех проблем, возникающих в твоей жизни. Можно сказать, ты обременен решениями, и они только того и ждут, что ты позволишь им родиться, увидеть свет этого прекрасного мира и начать работать на тебя.

Разреши нам рассказать еще об одном феномене дуальности — о воздействии образцов коллективного мышления.

Почему в пределах дуальности все происходит именно так и не иначе? Ответ гласит: потому что в сфере коллективного мышления человечества исходят из того, что то-то и то-то должно выглядеть именно так. Вот пример. У многих людей существует проблема лишнего веса. Они запрещают себе употреблять в пищу продукты, про которые думают, что они не совсем полезны для них. Они запрещают себе питаться чем-то, что вызывает у них аппетит. В результате подобного запрета в их организме все больше развивается дисгармония, вызывая новые симптомы. Ведь запрет чего-то означает подавление или отказ и порождает давление. То, что люди сами себе запретили что-то из того, что считают вредным для них, объясняется догмами коллективного мышления. Так, например, сложилась догма, что шоколад — причина избыточной полноты. В результате многие люди отказываются от шоколада, хотя буквально жаждут съесть его.

Но что было бы, если бы выяснилось, что эти догмы не соответствуют действительности, а работают только потому, что именно в таком виде отложились в коллективной памяти? Пойми, пожалуйста, вы живете в мире иллюзий, и эти иллюзии стали для вас реальными только потому, что вы верите в их истинность.

А если бы ученые сообщили вам, что утверждения типа «Шоколад вызывает избыточный вес» оказались ошибочными: наоборот, шоколад благодаря содержащимся в нем веществам запускает в ход биохимические процессы, полезные для здоровья вашего организма. Что тогда произошло бы?

Крайон хочет сказать тебе: «Спустя какое-то время догмы в отношении шоколада претерпели бы определенные изменения, и, следовательно, потребление его имело бы иные последствия, чем прежде».

Есть люди, которые отказались от норм коллективного мышления, гласящих — чтобы сохранить жизнь, необходимо употреблять физическую пищу. Для них этот закон уже недействителен, и они могут обходиться без физической пищи. Аналогичным образом могут претерпевать изменения многие умозрительные образцы в пределах дуальности, содействуя тому, что ты сможешь жить с большей свободой.

Именно поэтому духовные сущности все чаще говорят о необходимости твоего избавления от коллективной дуальности. Ибо тогда для тебя начнут действовать иные закономерности, и ты будешь ощущать все большую свободу. Так же как Высшие Существа Света управляют своими ментальными объектами с помощью мыслей, ты научишься абсолютно сознательно управлять своей жизнью и формировать ее с помощью твоих мыслей.

Вместе с тем важно признать, что ты все еще очень сильно привязан к дуальности и по этой самой причине тебе часто довольно непросто освободиться из пут коллективных норм. Ведь многие закономерности появляются и действуют только потому, что их именно так восприняли и ожидали.

Попробуй откажись от догмы, что из-за шоколада можно растолстеть, — в действительности это совсем не так. Как ты думаешь, что тогда произойдет? Тогда шоколаду не останется ничего иного, как «вести» себя сообразно тому, чего от него ожидают.

Важно при этом понять, что ты действительно должен на сто процентов вырваться из пут коллективных норм и мыслей. Если в тебе возникло хоть малейшее сомнение, если ты неуверен, сомнение начнет воздействовать на тебя, и шоколаду не останется ничего иного, как подтвердить его истинность.

Крайон очень сильно любит тебя, и я прошу тебя, позволь всему спокойно воздействовать на тебя. Я знаю, сколь реальной стала для вас дуальность и насколько тяжело изменить определенным догмам. Но наступит день, когда ты увидишь себя таким, каким тебя всегда видел Крайон. Как Высший Свет в человеческом теле, и ты поймешь, почему Световые Сущности неустанно пробуждали тебя от твоего сна.

Ты — прекрасный ангел, исполненное Света существо, дитя Вселенной, и мое сердце и моя душа преисполнены радости оттого, что я могу быть твоим другом.

Я обнимаю тебя моей любовью и склоняюсь пред Светом, который ты несешь в себе. Почувствуй любовь Крайона.

Ан Анаша.

Крайон

Сарея

Возлюбленный друг, возлюбленная сестра. Я — Сарея, жительница планеты Венера. Планета Венера — моя родина, и я — член Совета, в чьи задачи входит устанавливать и поддерживать отношения с обитателями соседних планет. И поскольку Земля собирается перейти на Высшие уровни бытия, а мы, соответственно, вскоре станем для вас реально существующими, то мы решили с помощью медиума передать наше послание, чтобы вступить в контакт с вами.

Сначала я хочу от имени всех сущностей Венеры выразить уважение всем людям. Мы любим вас и в нашей безграничной любви служим вам и нашей любовью, и нашими знаниями. Мы готовы поделиться с вами нашим опытом, чтобы предстоящая смена измерений прошла для вас как можно более гармонично.

Мы очень тесно связаны с людьми, ибо у Земли и людей имеются очень сильные исторические взаимосвязи с жителями Венеры. Можно сказать, что Земля существует еще и потому, что существует Венера. Я пол-

ностью осознаю мои слова и их значение, а впоследствии расскажу тебе об этом чуть больше.

А теперь я хотела бы рассказать о нашей прекрасной планете Венера и Совете, к членам которого я принадлежу, чтобы у тебя появилось представление о моих действиях. Согласно вашему летоисчислению, Венера возникла много сотен тысяч лет тому назад.

Также давно мы прошли те этапы развития, которые позволили нам вознестись в наших вибрациях. Благодаря чему появилась Новая Венера. Таким образом, во Вселенной существует Новая и старая Венеры. Большая часть обитателей живет на Новой Венере. Старая же Венера населена только немногими жителями.

Новая Венера — очень красивая планета, и многие из обитателей Вселенной прибывают к нам, чтобы отдохнуть и восстановить свои силы. Точно так же, как каждая планета Вселенной, она обладает своей собственной энергией. Венера наделена во Вселенной неповторимой энергией, которая притягивает к себе многих из Световых Сущностей. Так, например, на Венере существуют большие концертные залы, и для всех Существ Света является истинным наслаждением присутствие на концертах. К тому же ты должен знать, что многое во Вселенной возникло с помощью звука, а потому музыка во Вселенной играет огромную роль.

У нас работают различные Советы, защищающие интересы планеты и ее жителей. В отличие от людей мы общаемся напрямую с Разумом нашей родной планеты и соотносимся с ним во всех наших планах.

Так, мы напрямую общаемся с планетой, когда, например, необходимо построить новое здание. Вместе мы ищем наиболее подходящее место для строительства, так что энергетические предпосылки могут быть оптимально согласованы с потребностями здания и его будущего хозяина.

Как я уже упоминала в начале послания, работа моего Совета заключается в контактах с соседними планетами и их жителями. Для выполнения моей миссии я обучалась под руководством Адоная Аштара Шерана. Адонай Аштар Шеран, сын Венеры, очень уважаем на нашей планете.

Для меня было великой честью путешествовать вместе с Адонаем Аштором Шераном на различные планеты Вселенной, чтобы получать информацию об их жителях и путях их развития. Так появилась возможность отправиться и на вашу планету.

Когда я ступила на планету Земля и увидела людей, слезы заструились по моим щекам. Я была очень поражена и растрогана. У вас такая природа, бурные реки, океаны и огромное количество животных. Я видела всю ту красоту, что заложена в каждого человека, ничего не подозревающего о ней. Я выразила желание, чтобы мне разрешили вступить в контакт с людьми в качестве представительницы планеты Венера, когда придет для этого время. Адонай Аштар Шеран внял моей просьбе, и вот теперь я буду доставлять вам многие послания, которые подготовит для вас Совет.

Мы очень внимательно следим за происходящими на Земле событиями. Мы знаем о происходящих изменени-

ях, и уже сейчас многие из жителей Венеры находятся на Земле, чтобы поддерживать вас.

Особенно важным становится твой путь, когда ты начинаешь воспринимать и чувствовать в себе любовь. Потому что любовь есть нечто подобное универсальному языку Вселенной. Когда Световые Сущности общаются друг с другом на языке любви, недоразумения и конфликты исключены. А потому и я, Сарея, буду общаться с тобой и проникать в твою душу на языке любви. Даже если переданная сегодня информация пока мало что значит для твоего разума, за ее буквами скрыты определенные вибрации, которые в своей совокупности породят ответные вибрации в твоей душе, откроют твое сердце и вознесут тебя на частотах твоих вибраций.

В следующих посланиях, которые я передам тебе, ведущей будет энергия любви Венеры. Главное предназначение жителей Венеры — служение другим планетам и их обитателям. Мы делимся энергией нашей любви с жителями других планет, чтобы всеобъемлющая любовь могла развиваться в их сердцах и возвышать их. Мы посылаем энергию нашей любви с Венеры к людям и планете Земля на лучах нашего сердца. В будущем вы научитесь принимать Новое Время, преисполненное энергией Любви Венеры, и тогда сердца людей раскроются и исцелятся.

Много нового ожидает вас. Все, что вы изучали до сих пор, вы пересмотрите с позиций преображенного сознания, и это положит начало процессу познания, в основе которого лежат космические закономерности. В соответствии с этим многое в твоих взглядах пре-

терпит корректировку, и ты сможешь обрести более глубокое понимание всего сущего.

Для меня большая честь с помощью этой книги донести до тебя мою любовь и мое послание. Я — рядом с тобой, и именно в этот момент моя любовь изливается на тебя. Почувствуй силу, любовь и мудрость планеты Венера. Моя любовь к тебе не может быть описана человеческими словами — я знаю, кто ты на самом деле, и я глубоко привязана к тебе и Леди Гайя.

Каждый раз, когда вы открываете эту главу, моя любовь устремляется к читателю, я начинаю присутствовать в вашей жизни, а о полученном мною опыте докладываю Совету.

Я благодарна за то, что мне была дана возможность передать эту информацию, и, прощаясь с тобой, несу тебе в качестве члена Совета Конфедерации Галактического мира, следующую весть:

«Мир на Земле неминуем — сейчас и на все времена».

Я — Сарея

Рамус

Я — Рамус. Я приветствую тебя и говорю: «Добро пожаловать». И хотя я приветствую тебя от первого лица, я — не отдельное живое Существо, а представляю Групповое Сознание множества различных аспектов той формы энергии, которая получила название энергии Драконов. Я знаю, что некоторые из вас уже сейчас при чтении первых строк почувствовали, как в их душе нарастает тепло, и способны ощутить мощный поток энергии. А многие из вас в душе будут глубоко растроганы, поскольку почувствуют любовь, скрывающуюся в словах Рамуса.

В вашей истории энергия Драконов нашла отражение в целом ряде мифов и рассказов. Однако лишь немногие из вас знают, что энергия Драконов действительно представляла собой целую временную эпоху на планете Земля — она существовала точно так же, как в вашей истории были Атлантида или Лемурия. И под энергией Драконов подразумевается не то время, когда Землю населяли динозавры, оставившие след в вашей истории. Долгое время энергия Драконов существовала на

Земле, и многие виды энергии за этот период вобрали в себя ее черты.

Чтобы ты лучше понял меня, я хочу сказать тебе, что на вашу планету доставлялись многие формы сознания, или энергии, и, сливаясь с нею в единое целое, сохранялись в энергетическом поле Земли. Это было необходимо, чтобы повысить колебания вашей планеты. Некоторые вибрации отчасти сохранились на Земле в виде реликтов или артефактов, большая же часть осталась в энергетическом поле Леди Гайя. В настоящее время они вновь обретают свободу и подпитываются уже ее энергией, как когда-то планета Земля.

Таким образом, все когда-то оказавшиеся на планете энергии способны объединяться, образовывая энергетическую волну, которая позволяет вашей планете повышать свои основные колебания в форме, способствующей вознесению на Высшие уровни сознания.

Что подразумевается под энергией Драконов? Многие из вас на интуитивном уровне знают ответ на этот вопрос и соотносят с энергией Драконов такой элемент, как Огонь, а следовательно, силу и трансформацию. Так оно и есть. Энергия Драконов — очень мощная энергия, оказывающая значительное воздействие на твою силу и твои поступки. Она сжигает в тебе все, что не соответствует истине, и бескомпромиссно влечет тебя к твоему Свету.

Время, когда энергия Драконов пребывала на вашей планете, было также временем Драконьих всадников. И Рамус хотел бы рассказать тебе как можно больше о времени Драконов и их наездниках. И пока я буду делать это, сознание энергии Драконов склонится пред тобой, потому что многие из вас присутствовали тогда. Мы знаем, кто ты такой на самом деле, и многие из бывших наездников Драконов находятся сейчас среди людей. Возможно, вы позабыли об этом. Мы же никогда не забудем наше общее время. Вместе мы боролись за свет, любовь и истину. Не существовало тогда ничего, что могло бы помешать нам, — мы знали, о чем идет речь, и были готовы все отдать. И многие из вас и из нас все отдали, а потому мы склоняемся пред тобой, ты — наездник Драконов. Теперь позволь мне больше рассказать об этом.

В то время было так, что Драконы, — впрочем, как и сейчас, — обладали высоким уровнем сознания и поддерживали телепатический контакт с людьми. У каждого Дракона, как и у каждого человека, был свой собственный характер, своя собственная личность, выделявшая его среди остальных. Один был вспыльчивым, другой — сдержанным, третий объединял в себе в равной степени оба эти качества. Когда для одного из Драконов наступало время бескомпромиссного служения и подчинения приказам повелителя армий, он отправлялся в долину, всю покрытую деревьями и травами, и проводил там продолжительное время в своеобразной медитации.

С помощью телепатии Дракон вступал в контакт с тем человеком, энергия которого была близка его собственной. Если человек был готов стать наездником Дракона, без всяких «Если» и «Но» выступив на стороне Света, тогда обоих Существ ожидала очень тесная, долгая, основанная на доверии дружба. Вероятно, дружба не совсем подходящее слово. Это были высокие взаимоотношения, потому что обе стороны, и Дракон, и его наездник, существовали лишь друг для друга и ни с кем другим не поддерживали столь глубокую связь.

Многие люди еще сегодня ощущают подобную связь на клеточном уровне, и довольно часто она проявляется, например, в том, что они готовы пожертвовать своей жизнью не за людей, а за полюбившееся им животное. Потому что именно так было в те времена, когда Дракон все отдавал ради своего наездника, а тот в свою очередь делал все, чтобы защитить своего Дракона от опасности.

Можешь ли ты представить, что скачешь на Драконе? Не многие смогли бы вообразить нечто подобное. Но Рамус знает, что некоторые из вас при чтении этих строк вспоминают о нашем совместном времени и проливают слезы. То было очень насыщенное, исполненное отваги, решимости и любви время. Вы делали это — вы скакали на Драконах — правда. И это — часть вашей и нашей истории.

Почувствуй любовь, просто, как когда-то, войди в твое сердце и возобнови связь с Рамусом. Я здесь рядом с тобой, и я склоняюсь пред наездником на Драконах. Рамус никогда не забывал о тебе — вспомни себя. Эти мгновения предназначены для нас — откройся силе и любви энергии Драконов, и мы сожжем в тебе все, что перестало приносить тебе хоть малейшую пользу. Как когда-то, сегодня мы вновь все бы отдали тебе, находись мы в физической оболочке на планете. Наша сила направлена на тебя — ступай же по жизни с высоко поднятой головой. И в то время как Рамус воздействует на тебя, я передам тебе еще и другие послания, значимые для различных элементов на Земле.

Поскольку планета Земля обладает физической формой, а у отдельных элементов на ней существуют свои собственные соответствия, которые запечатлелись в тебе, они в равной степени воздействуют на тебя, уравновешивая все твое бытие, сами способные пребывать в гармонии.

Все эти элементы, находившиеся на Земле, заложены в тебе. К ним относятся Огонь, Вода, Воздух и Земля. Они должны пребывать в тебе в равновесии, чтобы твое физическое тело не испытывало каких-либо ограничений в своей работе. У каждого элемента есть сущность, охраняющая его на Земле. Осознай же заново эту истину и позволь всем элементам в равной степени пребывать в тебе. Рамус напоминает тебе про элементы — в наше общее время тебе была известна эта истина, и ты соблюдал ее.

А сейчас я хочу попросить тебя расслабиться в душе и разрешить мощной энергии Драконов пройти через тебя и достичь Леди Гайя. Потому что мы ощущаем свою тесную связь с Леди Гайя и в настоящее время хотели бы воспользоваться возможностью с твоей помощью передать нашу энергию Леди Гайя. (Просто позволь произойти всему, что должно произойти, а Рамус начнет передачу энергии после того, как, словно сами по себе, откроются все твои каналы.) Это — Высшая световая вибрация энергии Драконов, которая начинает проходить через тебя. Это — чистая, без каких-либо примесей любовь. Моя любовь к тебе безгранична.

Некоторые спросят, почему надо всякий раз давать разрешение на проход энергии через тело человека? Ведь можно прямиком доставить ее к Леди Гайя. Рамус хочет сказать тебе, что энергия, доставляемая к Леди Гайя через тело человека, обладает другой, предназначенной только для Леди Гайя, структурой, так как тела людей содержат все элементы, родиной которых является Леди Гайя, и, следовательно, ей легче интегрировать подобным образом в себя энергию.

Может произойти так, что некоторые из вас после передачи энергии почувствуют незначительное давление в голове. Но оно скоро пройдет.

Рамус хотел бы поблагодарить тебя за то, что ты позволил воздействовать на тебя посланиям и любви энергии Драконов.

Мы знаем, кто ты такой на самом деле, — мы никогда не забывали тебя. Ты — Ангел, ты — Тамплиер, Маг, ты — Наездник Драконов. А потому мы прощаемся с тобой словами

Ан Анаша.

Я — Рамус

Ангел Любви

Я направляю к тебе мою любовь и приветствую тебя словами любви «Омар Та Сатт». Я — ангел Любви, и моей задачей в данной книге является заполнение твоего сердца безмерной любовью Бога, чтобы проникнуть к самой сути твоей души. Ибо любовь — это нектар, способствующий твоему пробуждению. Без любви нет и пробуждения.

Любовь — а что такое любовь? С этого вопроса я хочу начать мое послание, чтобы сделать более понятной для тебя, более постижимой Божественную, всеобъемлющую любовь. Также я хочу сказать тебе, что никогда ты не сможешь понять любовь разумом. Ты можешь следовать моим теоретическим рассуждениям, однако поймешь любовь лишь сердцем, благодаря вибрациям, скрывающимся за моими словами. Любовь столь же многогранна, сколько существует во Вселенной частот вибраций. А во Вселенной — тысячи частот. Ангелы во Вселенной и каждая Световая Сущность, которая находится во Вселенной и участвует в процессе вашего пробуждения, делают все для того, чтобы ты мог познать, кем являешься в действительности.

И средством для этого, если так можно выразиться, является одна лишь любовь.

Ты можешь сколько захочешь пытаться понять, что происходит во Вселенной. Ты разрешаешь рассказывать тебе о том, кто ты такой и откуда появился, в чем суть твоего предназначения и твоих способностей на Земле, — но чтобы все эти теоретические знания достигли глубин твоей души, чтобы они были расшифрованы, активизированы и интегрированы, нужна только любовь. Вот почему зачастую пробуждаются люди, ничего не смыслящие в происходящих на Земле процессах, которые живут только с любовью и сосредоточены лишь на себе самих. Потому что пробуждение происходит не с помощью нагромождения знаний! Пробуждение происходит благодаря пульсирующему в твоем сердце желанию стать самим собой.

Позволь во время моего рассказа нести тебя на вибрациях любви. И ты почувствуешь, как что-то начинает расти в тебе — нечто, расположенное, как ты еще совсем недавно полагал, где-то вовне тебя.

Мне известно, что мы исходим из разных точек зрения, отвечая на вопрос: «Кто или что ты такое?» Многие из вас ответят мне: «Я — человек». Ну, ладно. Однако возможно же, что это не так или может быть выражено иначе; не исключено, что ты являешься чем-то большим и воспринимаешь только малую часть из того, что ты есть на самом деле? А если ты — Сущность, состоящая из любви, которая обзавелась физической оболочкой и в человеческом обличье накапливает земной опыт?

Что можно было бы возразить против этого? Наверное, сейчас многие из вас ответят на этот вопрос так: «Ну да, если я — Сущность из чистой любви, то почему тогда я ничего не знаю об этом и ничего не чувствую?» И чтобы ответить тебе, я хотел бы рассказать маленькую историю. Содержание ее многое позволит понять тебе.

И пока ты будешь читать эту историю, я, ангел Любви, понесу к тебе мою энергию Высшей Любви, и она будет струиться по тебе. Ты вознесешься в твоей любви, а благодаря истории поймешь разумом, сможешь ощутить чувствами, кто ты такой на самом деле. Позволь взять тебя в удивительное путешествие к тебе самому. Ты сможешь поверить в то, что ты — Высшая, исполненная Света Сущность, домом которой является то место, откуда в этот самый миг я направляю данное послание медиуму. (Не торопись, дай себе время и прислушайся к чувствам внутри себя.)

Представь, что мы уже сидели друг напротив друга долгое, долгое время тому назад и я рассказывал тебе историю Вселенной. Мы беседовали о событиях и переменах, касавшихся совершенно особой планеты во Вселенной. Я сказал тебе, что планета под названием Земля сорвалась со своего первоначального положения во Вселенной и теперь находится на значительном расстоянии от места своего происхождения. Далее я рассказал тебе о многих тысячах Существ Света, готовых из любви отправиться на эту планету, чтобы помочь ей вернуться домой, к месту своего происхождения.

Это был очень интересный разговор, и по мере того что я продолжал рассказывать дальше, ты проявлял все большую заинтересованность. Я рассказал тебе о том, что на данной планете можно все, а также о том, что там существуют жесткие рамки познания божественности. Должен сказать, ты с большим трудом смог представить, что во Вселенной есть такое место, где, например, для тебя станет невозможным воспоминание о том, кем ты являешься в действительности.

Благодаря твоей любви тебя все больше волновала эта история, а потом наступил момент, когда ты решил отпустить свою частичку на планету в виде звена истории, о которой я поведал тебе. Я предупредил, что наступит время, когда ты будешь более не в состоянии вспомнить, кем ты был когда-то, и даже позабудешь о нашем разговоре. Ты засмеялся и заметил: «Если тому и суждено быть на самом деле, приходи на Землю и расскажи моей частичке, которая позабудет обо всем, о нашей беседе». И я пообещал тебе, что так и сделаю.

И вот я, ангел Любви, сижу в данный момент перед частичкой твоей души, пребывающей сейчас на Земле, читающей эти строки и думающей, что он/она — всего лишь человек. Ты — много больше.

Я сижу напротив тебя и на этот раз рассказываю не о планете, сорвавшейся со своего изначального местоположения, не о планете, которую следует вернуть обратно. В эти мгновения я сижу пред тобой и рассказываю тебе о тебе самом, сидевшем когда-то предо мной и слушавшем историю о планете Земля. Я рассказываю тебе о Высшем Свете твоей души, находящейся во Вселенной и только того и ждущей, что ты наконец вспомнишь о том, кто ты такой на самом деле, чтобы вернуться домой.

Когда-то ты не мог представить, что есть во Вселенной место, где ты позабудешь, кем ты был. И точно так же я знаю — сегодня ты вновь не в состоянии представить, что во Вселенной продолжает существовать частичка тебя, глядящая сейчас на тебя с любовью, пронизывающая тебя своей бесконечной любовью. Она говорит тебе: «Это правда, я здесь, и я посылаю тебе всю мою любовь, чтобы ты очнулся от своего долгого сна и смог вспомнить меня. Я люблю тебя. Я люблю тебя».

Почувствуй свою связь с твоей великой частичкой, сидевшей когда-то предо мной и ставшей лишь звеном удивительной истории во Вселенной. Просто почувствуй — потому что настало время вернуться домой. (И в этот момент я с моей энергией отступаю на задний план: ощущай любовь твоего Высшего Я, любовь, которую оно посылает тебе сейчас.)

Для меня великая честь передать тебе данное послание и поделиться любовью. Чем чаще ты станешь перечитывать эту главу, тем больше воспоминаний всколыхнется в тебе. Потому что вибрации, скрытые в моем послании, растворяют структуры, чтобы ты смог как можно глубже погрузиться в свои воспоминания.

Настало время попрощаться с тобой. Мне доставило истинную радость выполнить данное мною когда-то обещание.

Ты — Свет, сотворенный Вселенной по вполне определенным причинам.

Ан Анаша.

Ангел Любви

Кюриель — ангел Мудрости

Мое возлюбленное дитя. Ты — сияющий Свет во Вселенной. Я склоняюсь пред тобой и разрешаю моей вечно сущей и настоящей любви изливаться на тебя в эти мгновения. Я — Кюриель, ангел Мудрости.

И Кюриель тоже хочет сказать тебе, что мое сознание состоит из множества отдельных сознаний. Возможно, тебе будет сложно понять, но я скажу тебе, что каждый ангел во Вселенной не одинок, а образуется из совокупности частот различных вибраций и соединяется с другими частотами разных вибраций. Таким образом, мое приветствие, обращенное к тебе, должно было бы гласить — «мы» приветствуем тебя с безмерной любовью, благодарностью и смирением, которые испытываем к тебе, и выражаем все это в словах «Омар Та Сатт».

Вот такое приветствие и такое преклонение пред твоим Существом. Вероятно, ты спросишь: «Ангел Мудрости, для чего же необходим Вселенной ангел Мудрости?» Кюриель хотел бы подробно ответить на твой вопрос. Во время моего рассказа постарайся почувствовать мою любовь в глубинах своего сердца — я проникну моей любовью в твою душу.

Мне доставляет радость говорить с тобой, и если ты уже прочитал такие разные послания настоящей книги, ты почувствуешь, что выбранные мною слова и появляющаяся вследствие этого энергия — нечто совершенно иное. Энергия рождается благодаря слиянию разнообразных составляющих, заложенных в меня (в нас), причем отдельные составляющие содержат информацию обо всем, что когда-либо было и есть. Такое слияние порождает мощную, объединенную энергию. (Просто почувствуй энергию, которую я в это мгновение отправляю тебе.)

Когда Кюриель говорит, что в моей душе хранится информация обо всем, что когда-либо существовало и что вибрирует ныне, это означает, что история вашей Вселенной заключена в вибрации моей энергии. Я — нечто подобное живой библиотеке Вселенной. И поскольку я несу в себе всю информацию, меня прозвали ангелом Мудрости.

Не так часто Кюриель разговаривает с людьми, и потому я был особенно рад тому, что могу сделать это сегодня. Я обдумал, вернее, глубоко прочувствовал, какое послание понесу сегодня твоему сердцу. И выбрал тему, подходящую для каждого из вас, — и неважно, когда ты прочтешь послание Кюриеля.

Речь пойдет о мудрости, а следовательно, об отражении моей энергии в пределах дуальности в виде слов. Я хотел бы подчеркнуть, что моя энергия может отражаться многогранно. В настоящий момент она распростра-

ется в виде слов на страницах данной книги, и ты можешь почувствовать скрытые в них силу и любовь.

Мудрость является величайшим и весьма широким понятием. В каких областях ты сведущ или обрел мудрость? Многие люди считаются большими специалистами в той или иной области знаний. Часто мудрость в пределах дуальности приравнивают к знаниям. С этим я хотел бы согласиться, правда, с одной оговоркой. Речь идет о «духовном знании».

Я хочу более подробно поговорить о мудрости твоего духовного знания, о твоем духовном знании единства всех вещей. И поскольку все основано на энергии и держится на ней, те слова, что ты сейчас читаешь, та книга, которую ты сейчас держишь в руках, и твои мысли, что в эти секунды проносятся в твоей голове, — все является только энергией, вибрациями. Все — едино. Ты сам в своей человеческой оболочке в конечном итоге представляешь собой энергию и лишь часть целого.

Почему тебе ничего не известно об этом? Потому, что форма вашей энергии, в пределы которой вы заключены и которая называется дуальностью, принуждает вас воспринимать нечто совершенно другое. Развивавшаяся на Земле наука пришла к неким выводам, основываясь на субъективных, логических объяснениях. Объективное, тождественное и общее осталось за пределами понимания, да его и не позволили бы доказать в пределах дуальности, так как здесь действуют другие законы, опирающиеся на знания науки.

Однако в действительности нет никакой существенной разницы между энергией, которую представляю я, энергией книги или тобой. Единственное незначительное отличие сводится к тому, что во всех трех перечисленных энергетических формах энергия циркулирует с различной скоростью. Я двигаюсь в иной реальности, нежели ты, и по этой причине я осознаю больше сторон моей божественности.

А потому необходимо принимать во внимание, что каждый из вас — ты и книга — существуете в рамках самостоятельной энергетической формы, дуальности, внутри которой господствуют определенные закономерности. Это — все. Отдельные виды вибраций находят свои формы проявления в господствующей реальности и действующих внутри нее законах. Однако главная суть остается всегда одной и той же — это энергия, это любовь. Все взаимосвязано, нет никакого разобщения — только надуманная, умозрительная разобщенность в сознании людей.

Представь на мгновение, что все, что ты видишь, все, до чего ты можешь дотронуться, и все, о чем ты думаешь, состоит из одной и той же энергии. Все состоит из вибраций, которые мы называем любовью. Таким образом, в основе всего нет никаких отличий — различаются лишь проявления. Обрати внимание на те изменения, которые происходят на протяжении твоего человеческого существования с твоей внешностью. Но ведь твоя сущность остается все той же — со временем меняются только твоя внешность, твое тело.

Вероятно, в данный момент многие из вас по-иному станут видеть и ощущать единое целое. Возможно, ты начнешь воспринимать себя как единое, как частичку целого. Многие больше не увидят никаких различий между книгой и стулом, на котором сидят, различий, которые они видели раньше. Все начинает сливаться друг с другом. Сможешь ли ты ощутить себя частью дивана, на котором ты сейчас лежишь, или книгу, как частичку тебя самого?

Все это вполне может произойти, если ты попробуешь интегрировать в свою жизнь как данность тесную взаимосвязь всего со всем. Когда такое произойдет, на планете автоматически воцарится мир, потому что тогда для человека окажется невозможным причинить страдания другому живому существу, ибо он узнает, что все вышло из одного Источника, Божественного Света.

Познания, о которых поведал тебе Кюриель, заложены в тебя в виде мудрости. В глубинах твоей души ты знаешь эту истину и в ближайшее время сможешь почувствовать связанные с данной темой перемены.

Для меня было радостью вместе с тобой почувствовать любовь и всесущую истину, что связывает нас друг с другом. Есть только одна истина, однако она может по-разному проявляться в различных реальностях, имеющихся во Вселенной.

Кюриель благодарит тебя, и я говорю тебе: «Нет никакой разобщенности между тобой и мной. Я — это ты и ты — это я. Я — рядом с тобой, и я — в тебе. Моя любовь — это твоя любовь».

А ни о'хэвэд о'драх — Ты безмерно любим.

Я — Кюриель

Леди Гайя

Возлюбленные друзья, возлюбленные люди, вы — Высший Свет на Земле — моя семья! К вам обращается сознание Леди Гайя. Я очень рада говорить с вами и передать вам мое послание. Это — послание теплоты, любви, это — послание радости и перемен. Это — послание для человеческой семьи. Мы — большая семья на Земле. Даже если каждый проживает кажущуюся только его собственной жизнь под маской дуальности, все равно у большинства прослеживается общий путь.

А потому я посылаю тебе, дорогой читатель, вибрации Омар Та Сатт и разрешаю моей любви, которую я испытываю к тебе, словами струиться к тебе. Почувствуй мощную любовь Леди Гайя в твоем сердце.

Я приветствую также тех, кто, возможно, пока не чувствует своей принадлежности к большой семье, поскольку иллюзии дуальности по-прежнему держат их в своем плену. Такие люди думают, что проживают свою жизнь отдельно от всех остальных, потому что дуальность все еще мешает им познать взаимосвязи Вселенной.

Любовь Леди Гайя начинает вибрировать и окутывать тебя. Я — рядом с тобой и понесу тебя дальше, как и делала всегда. Но я хочу рассказать тебе чуть больше о нашем общем пути, которым мы идем уже давно. Это будет послание радости и надежды.

Многие из вас, прочитав эти строки, испытают в сердце чувство родины. Ибо очень часто ты в своей жизни уже искал отчизну, безопасное место на Земле, и я всегда с помощью своей энергии и вибраций давала тебе это чувство родины. Когда казалось, что все во внешнем мире отворачивается от тебя, бросая в беде, когда рушилось все возведенное или запланированное тобой, ты часто приходил в мои объятия, и я дарила тебе утешение. Ты обретал меня в природе, в лесах, в парке, на море у дельфинов — там, где ты можешь познать меня с максимальной силой.

Многие из людей в настоящее время чувствуют, что в душе у них происходят большие перемены. Они начинают видеть внешнее и кажущееся так, словно их душа, реагируя на внешнее, вносит коррективы в их взгляд на суть вещей. Это, скорей всего, можно назвать дополнением к тому, как функционирует космическая энергия. Потому что принцип действия космической энергии гласит: «Внутреннее определяет внешнее в вашей реальности, но не наоборот». Это совершенно верно, и я хочу объяснить тебе все более подробно.

Серьезные перемены, свидетелями которых вы сейчас стали, долгими годами подготавливались работниками Света, действовавшими душой и таким образом менявшими внешнюю реальность. Потому что изменить внешнее можно было только в том случае, если в ре-

альность привносилась из глубин сердца божественная любовь, способная разрушить старые структуры.

Совершившие все это люди были первопроходцами, пионерами, они пришли на Землю с безграничной верой, для них существовал только один путь. Довольно часто им приходилось отказываться от их личных потребностей, потому что они знали, зачем появились в этом мире. Многих из них сегодня вы называете верховными жрецами и жрицами, тамплиерами, наездниками Драконов или магами.

В прошлом за то, что они совершали, их нередко подвергали осмеянию, либо за свои же деяния они расплачивались собственной жизнью. Однако дух их не смутился, они не позволили запугать себя и далее шли дорогой сердца. Эти люди услышали зов души и имели мужество поверить данному зову и, поверив, последовать ему. Так божественная любовь смогла пролиться на Землю и во многом изменить существующую реальность.

Благодаря деяниям десятков тысяч работников Света, рассеянных по всей Земле, смогла осуществиться нежная революция любви. Внешней реальности не оставалось ничего иного, как сориентироваться на изменившуюся ситуацию и соответственно перемениться самой. То, что вы видите сегодня, является результатом труда многих работников Света, и Леди Гайя от всей души говорит вам: «Ан Анаша. Ты внес свою лепту в то, что смогло измениться сознание людей». И Леди Гайя просит тебя не считать эти слова похвалой, а увидеть в них безграничную любовь, воздействующую всегда и на каждое живое существо.

А теперь разреши мне подробнее растолковать слова, что в настоящее время внешняя реальность вносит свой вклад во внутреннюю трансформацию, происходящую с целым рядом людей.

На Земле изменились и структуры, и системы, и ваша реальность преобразилась во многих областях: любви, сочувствия, взаимопонимания, внимания и взаимного уважения стало намного больше. Многие структуры распались или же существуют в измененной форме. Это те структуры, которые более не понадобятся вам в Новое Время, а потому им не дано возрождения. Подобные изменения внешнего мира оказывают влияние на каждого человека, живущего на Земле. Осознает он это или нет, хочет он этого или нет. Человек не может избежать подобного влияния перемен. Но поскольку каждому человеку все-таки дана свобода выбора, единственное, что он может сделать, так это оказывать сопротивление увеличению энергии любви и замкнуться в своем сердце.

Все те люди, которые не почувствовали в своей душе импульса перемен или же оказались не готовы принять этот внутренний процесс, непременно начнут сопротивляться изменениям, происходящим в мире внешнем, таким образом задерживая процесс своего духовного развития. Реакции людей столь же различны, как и существующие во Вселенной частоты вибраций.

Вот что я имею в виду, когда говорю, что у многих людей изменившаяся реальность, в которой им довелось жить, вызывает изменения и в душе. Они реагируют на то, что было подготовлено первопроходцами. Вы часто называете это рождением Новой

Земли. Вы следуете далее по стопам первопроходцев в Золотой Век.

Настало время подключения внутренних процессов. Довольно долго большинство людей убегало от того, что творилось в их душе. Вновь и вновь в пределах дуальности удавалось создавать структуры, позволяющие вам игнорировать, не замечать, не чувствовать того, что творится у вас внутри. Но в связи с тем, что во внешнем мире распалось огромное количество структур, каждого человека буквально отбросит к самому себе.

Человек будет отброшен к самому себе и получит в это время уникальную возможность многое увидеть в новом свете и понять, что же происходит в его душе. Он сможет увидеть происходящие в нем самом изменения и разглядит новые направления их развития. Для многих из людей — вновь испытывать и проявлять чувства, о существовании которых в подобном виде они даже не подозревали. Люди заметят, что им все труднее скрывать свои чувства. И когда чувства откроются и смогут проявляться свободно, будут сброшены все маски. Потому что речь идет о том, что необходимо показать, кто и что ты есть в действительности. Если ты перестанешь скрываться в твоих человеческих проявлениях, пред светом дня предстанет твое божественное начало. Именно в 2009 году вы могли заметить, что вас намного чаще, чем обычно, в различных ситуациях можно растрогать до слез.

Все это — те самые перемены, которые уже начали свое шествие по Земле. Так сказать, последние приготовления для людей почувствовать свое собственное *бытие — воспринять свою собственную сущность. И не стоит недооценивать слова и послания, которые в настоящее время духовный мир вновь и вновь передает вам. Вместе мы прошли долгий путь. Много тысяч лет тому назад начался этот процесс, и вот он сейчас подошел к концу.*

Благодаря подобному процессу, начавшемуся много тысячелетий тому назад и закончившемуся только что, зарождается нечто Новое. Возникает нечто столь удивительное, что мне лишь с большим трудом удается описать все это человеческими словами. Да это и невозможно описать, поскольку недостаточно человеческих слов. Все это можно только почувствовать. Можно почувствовать перемены, порождаемые данным процессом.

Взгляни лишь раз, сколь многие структуры утратили свою былую власть во внешнем мире. Сколь многие политические структуры распались и изменились настолько, что стало возможным отстаивать новые взгляды. И эти взгляды помогают сохранять мир между народами и расами, на протяжении целого ряда поколений воевавших друг с другом.

Я знаю каждого человека. Я знаю, что для тебя значит быть на Земле. Я знаю, что значит чувствовать себя дома в различных регионах и странах. Все мне знакомо, а потому я хотела бы поблагодарить каждого из вас. Даже если ты и не знаешь, зачем находишься на планете Земля, я говорю тебе: «Ан Анаша».

Потому что причина, для чего ты здесь, существует. Большинство людей позабыли, для чего они находятся на Земле. Я же этого никогда не забывала, и Высшие

Советники Света Вселенной тоже этого не забыли. Все это и есть причина безграничной любви к тебе. А причину твоего пребывания здесь ты можешь почувствовать душой. Для этого необходимо достичь сердцевины твоего бытия и почувствовать твою душу. Не позволяй и впредь влиять на тебя коллективному сознанию внешнего мира, вслушайся в голос своего сердца, он расскажет тебе о том, в чем состоит причина твоего пребывания на планете Земля в настоящее время.

Ты — здесь, чтобы поддерживать меня, Леди Гайя, в наиболее судьбоносных делах, происходящих во Вселенной. Это подобно симбиозу Леди Гайя и всего живого на Земле. Симбиозу, взаимно питающему и поддерживающему нас. Я была готова вступить на путь, и тем временем, как я шла своей дорогой, произошел великий энергетический сдвиг во Вселенной, оказавшийся незапланированным. Появились образцы и структуры, подчиниться которым пришлось и мне, Леди Гайя.

Я тоже находилась в подобии сна. Каждый из вас, каждая Божественная Сущность, уже беседовавшая с тобой на страницах этой книги, пришли на Землю и сделали все, чтобы избавить меня от этого сна. Я дала тебе все, что только могла, и ты в каждой новой инкарнации, прожитой на Земле, дарил мне свою Божественную Любовь. Благодаря Божественной Любви, сохранившейся в моем энергетическом поле, стало возможным увеличение вибраций и курс развития на пробуждение. Если тебе угодно, то все мы сидим в лодке и эта лодка везет нас домой. Направляет курс лодки божественная энергия Вселенной. И самое главное, что мы можем совершить в настоящее время, — довериться божественному процессу.

Почувствуй любовь Леди Гайя, почувствуй нежное дуновение, проникающее в тебя, окутывающее и несущее тебя. Очень многим из вас я говорю совершенно осознанно: «Оставайся здесь». Оставайся на планете Земля — мы вместе принадлежим этому процессу. Мы вместе отправимся домой, и я обещаю тебе дать все необходимое. Я дам тебе все, что я могу тебе дать, и я прошу тебя в свою очередь отдать мне все, что ты можешь дать из глубин твоего Я с высшим сознанием божественного человека.

Почувствуй мощную энергию Леди Гайя, стремящуюся к тебе, заземляющую тебя и говорящую «Добро пожаловать». Словно сама по себе открывается твоя омега-чакра, и ты можешь испытывать любовь и единение со мной. Вслушайся в мои слова, когда я обращаюсь к тебе с ветром, когда тебя омывают струи дождя и когда согревающий тебя огонь рассказывает тебе мои истории.

А сейчас я попрощаюсь с тобой, желая сказать напоследок, что для меня было большой радостью передать тебе мое послание. Это честь для меня показать тебе мои чувства, и было так прекрасно почувствовать и твою любовь. Я благодарю тебя за готовность сделать еще один шаг на пути к самому себе.

Ты — Любовь, ты — Свет, ты — первопроходец.

И я говорю тебе: «Добро пожаловать на Новую Землю».

В глубокой любви,

Леди Гайя

Доктор Кан

Приветствую тебя, человеческий ангел на Земле. Я, доктор Кан, говорю тебе: «Добро пожаловать». Я приветствую тебя и радуюсь, что моя любовь сможет пролиться на тебя с помощью этой книги. Мне доставляет радость передать тебе послание Нового Времени, и для меня большая честь служить тому Свету, который заложен в тебе. Пока ты читаешь послание, мои вибрации будут воздействовать на тебя.

Как тебе, вероятно, известно, я сам часто инкарнировался на Земле в человеческом обличье. В последнем воплощении я носил фамилию доктора Кана. Имя мое, нечасто упоминавшееся в связи с моей персоной, было Иосиф, и с точки зрения современной медицины я был хирургом. Я родился в Австрии, однако в связи с моей хирургической деятельностью побывал и в других странах. Я видел различные культуры и так же, как и ты, проживал мою жизнь в дуальности. Я тоже не замечал, что нахожусь в глубоком сне. Я не мог осознать истину Всего Сущего и верил лишь тому, что предоставляли мне в виде информации мои физические глаза и уши. А потому я очень хорошо понимаю вас, людей, и даже не хочу пытаться убедить тебя в существовании другой реальности. Я знаю, тебе очень тяжело представить то, что для некоторых из вас находится за пределами восприятия вашего поверхностного разума.

В этой главе я расскажу об изменениях физического и тонких тел. Уверен, тебе известно о понятии «симптом светового тела», и я хотел более подробно остановиться на данном явлении.

На протяжении длительного времени на Земле царила дуальность. Она и сейчас все еще существует, пускай даже в ослабленной форме, поскольку энергии Нового Времени все сильнее дают знать о себе.

В пределах дуальности энергетическое тело человека могло расширяться до определенной степени, не покидая при этом своей физической оболочки. Однако благодаря изменениям в развитии, происходящим на Земле уже несколько десятилетий, у всех людей появилась возможность все более и более трансформировать свое энергетическое тело, то есть расширять свое сознание. И чем больше человек меняется энергетически, тем больше клеток его физического тела наполняется Светом и информацией, хранящейся в Свете.

Чем больше энергии светового тела устремляется в физическую оболочку, тем заметнее становятся симптомы, порожденные попадающей в клетки энергией. Эти симптомы получили название «симптомы светового тела», потому что с их помощью твое световое тело все сильнее соединяется с твоим физическим телом. Симптомы светового тела нередко проявляются в головокружениях, головной боли, шуме в ушах или усталости. Часто страдающие от подобных симптомов люди на протяжении всего дня чувствуют себя совершенно измотанными.

На вопрос: «Что я могу сделать в случае возникновения симптомов светового тела?» — ответить очень просто, вот только совсем нелегко при этом интегрировать подобные знания в твою повседневность. Я знаю, что ты должен ходить на работу, у многих есть семьи, о которых следует заботиться, необходимо решать многие жизненно важные вопросы. Но, отвечая на вопрос, я все равно хотел бы сказать тебе следующее: «Самое важное, что ты можешь сделать, — обрати внимание на сигналы, которые подает тебе твое тело».

Я хочу сказать, что, почувствовав у себя подобные симптомы, ты должен прислушаться к твоему телу, чтобы дать ему именно то, что оно требует от тебя. Чаще всего организму необходим лишь покой. В большинстве случаев симптомы светового тела исчезают так же быстро, как и появились. Когда свет будет интегрирован и трансформирован, твоя физическая оболочка привыкнет к световому расширению твоих клеток, и симптомы светового тела исчезнут сами по себе. С другой стороны, по этим симптомам ты сможешь понять, что с тобой что-то происходит. Свет все дальше и глубже прокладывает себе дорогу, чтобы действовать с твоей помощью в мире дуальности.

Многие люди с подобными симптомами обращаются к врачу, а медики лишь могут сказать им: «С вами все в порядке. Мы не видим никаких причин для осложнений». А потому оставайся спокоен и не волнуйся слишком сильно, что, возможно, речь идет о чем-то ужасном, раз врачи ничего не обнаруживают. Просто помни о возможности симптомов светового тела.

В отличие от симптомов светового тела многие существующие болезни порождены не интеграцией в твое физическое тело становящейся все более мощной энергии, а из-за ее сдерживания. Поскольку вся ваша энергетическая система меняется в результате процесса вознесения, вынужденно меняются и симптомы, порождаемые вследствие Не-Жизни, вследствие подавления энергии. Это значит, что в ближайшее же время у людей, и далее пытающихся контролировать свои эмоции с помощью разума, продолжающих не давать любви места в своем сердце, проявятся многие болезни, до сих пор совершенно неизвестные вашим медикам.

На Земле настало время любви. Любовь хочет свободно обитать в сердцах людей. Она хочет проявляться подлинно и просто. В результате будут сброшены все маски, и энергия, скрываемая под масками, сможет свободно циркулировать. У многих людей все это вызывает страх, и они судорожно пытаются не потерять надетые ими маски. Именно поэтому возникнут новые болезни, так как блокируется естественный поток энергии в жизни. И там, где естественный поток энергии в вашей энергетической системе был заблокирован, возникает дисгармония, проявляющаяся в самых разных симптомах или болезнях. Появятся совершенно новые болезни, в прохождении, протекании и лечении которых все будет иное, нежели то, что известно вашим медикам.

Может быть, ты спросишь: «Но если я зашел в расширении энергии столь далеко, как так возможно, что я сопротивляюсь свободному течению энергии во мне?» Ответ на этот вопрос гласит: «Ты все еще в определенной степени пребываешь в пределах дуальности, а, следовательно, ее законы по-прежнему остаются для тебя чем-то незыблемым». Это и есть причина того, почему энергия может застаиваться в энергетической системе. До тех пор пока действуют структуры дуальности, такое будет по-прежнему возможно.

Когда я говорю тебе, что «энергия способна застаиваться», подобная игра слов, на наш взгляд, не совсем корректна, однако таким образом человеческими словами лучше всего описать, что именно происходит. То у одного, то у другого из тех, кто сопротивляется переменам Нового Времени в своей жизни, возникают болезни, которые не вписываются в известные вашим медикам схемы заболеваний.

Всегда думай о том, что все твои тонкие тела созданы так, чтобы нести тебя вместе с твоей физической оболочкой в Новое Время. Ты сможешь познать жизнь в высокой энергии, в изобилии, здоровье и радости.

Все больше людей будут вспоминать о том, что в них заложены самоисцеляющие силы, с помощью которых окажется возможным исцелить самих себя от многолетних хронических заболеваний. Это приведет к целому ряду случаев, по мнению традиционной медицины спонтанных и чудесных исцелений.

Ваши медики узнают: чем больше человек пребывает в гармонии и мире с самим собой, тем здоровее он будет. Намного чаще, нежели в прошлом, ваши врачи будут обращать внимание не только на физическое тело и его симптомы, но и на окружающую среду, в которой находится заболевший человек. Это поможет им точнее поставить диагноз и назначить курс лечения.

Мужественные медики будут готовы покинуть традиционный путь лечения больных, чтобы идти новыми дорогами. Появятся такие виды лечения, которые будут целенаправленно помогать людям обрести гармонию, мир и слиться с потоком божественной энергии. Потому что, если заложенная в каждого человека божественная энергия окажется способна на свободную циркуляцию, исчезнут заболевания.

Это и будет лекарством Нового Времени — божественная любовь, божественная любовь и еще раз божественная любовь. Вновь и вновь старайся осознать, что болезни способны появляться только тогда, когда блокируется божественный поток энергии в человеке. Если бы люди каждое мгновение своей жизни проводили в радости и равновесии, они бы не ведали никаких болезней.

Зримые же рамки радости и гармонии я прошу тебя расширить за пределы твоего физического тела. Потому что ты связан со всем сущим, а следовательно, пребываешь в мире и согласии с Леди Гайя, с миром природы и растений. Если следовать законам природы, не нужны будут болезненные, искусственно изобретенные приборы или иные структуры, внедренные глубоко в сердцевину клеток вашего тела, изменившие их и, таким образом, спровоцировавшие болезни.

Это — призыв к каждому человеку в Новое Время. Позволь энергии Нового Времени пустить в тебе свои ростки. Позволь энергии Нового Времени начать действовать в тебе и не сопротивляйся изменениям, происходящим в твоей жизни. Потому что, выступая против изменений в твоей жизни, ты выступаешь против самого себя. Потому что ты — это твоя жизнь, ты — это то, что ты познаешь. И последствия твоего сопротивления твоей собственной жизни будут сопровождать тебя в виде дисгармонии.

Я знаю, что это звучит несколько сурово для некоторых из вас, но это — правда. А я, доктор Кан, служу истине и Свету, который ты несешь в себе, и мое предназначение передать тебе истину Нового Времени. Я склоняюсь пред тобой, чтобы нести и окутывать тебя безграничной любовью, которую испытываю к тебе.

Многое изменится для вас, людей, с наступлением Нового Времени. Было бы прекрасно, если бы ты уже сейчас начал отличать и приветствовать эти перемены как праздник в твоей жизни. Без изменений ты не сможешь вырваться из дуальности и войти в Новое Время. Так что перемены должны произойти.

На твоем пути ты никогда не будешь одинок. Читай эту главу — послание доктора Кана столько часто, сколько захочешь, и каждый раз я вместе с моей любовью пребуду с тобой рядом, буду поддерживать тебя, нести тебя, осыплю тебя моей безграничной любовью.

Ты почувствуешь, что после нашей встречи тебе станет легче. Потому что всякий раз, когда ты читаешь мое послание, я нахожусь рядом с тобой и воздействую на тебя.

Я приведу в движение ту энергию, что застоялась в тебе. Твоей задачей будет лишь приветствовать последующие за этим изменения в твоей жизни и вступить на путь, который позволит тебе прожить жизнь в мире и гармонии.

Я знаю, ты станешь творцом подобной ситуации. Потому что ты — Мастер Любви, ты — Мастер Света. Я вижу это.

Я прощаюсь с тобой и, склоняясь пред тобой, говорю тебе: «Ты — Высший Свет, решившийся в человеческом обличье принести на Землю и пробудить здесь Божественную Любовь».

Я всегда буду служить тебе.

В глубокой любви,

доктор Кан

Орон

Я приветствую вас, друзья мои. Я приветствую людей, и особенно я приветствую тебя за то, что позволил/позволила в этот момент воздействовать на тебя энергии любви, скрытой в данных строках. Я — Орон. Я — сущность из Атлантиды, в эпоху Атлантиды я пришел на Землю. С тех пор я нахожусь на вашей планете.

И когда я говорю «ваша» планета, я хочу подчеркнуть не ваше право обладания Землей, а лишь тот факт, что Леди Гайя отдалась в ваши руки. Она доверяет вам, даже если вы и не способны понять все, что происходит. Леди Гайя наделена сознанием чувств, и она не может думать так, как ты.

Я стал свидетелем существования всех ваших цивилизаций, находившихся на Земле после Атлантиды, и более не покидал планету во все времена. Я знаю людей очень хорошо и наблюдал за всем их развитием. Существовали эпохи, преобладавшие на Земле самое незначительное время, а что касается других эпох, то казалось, время желало остановиться, чтобы они никогда не миновали. Мне известно обо всех взлетах и падениях вашей истории, а следовательно, и человеческого бытия. Многие атланты остались на Земле после гибели Атлантиды, чтобы удерживать равновесие на Леди Гайя при помощи своей любви. И в нынешнее время, когда открывается все больше и больше энергетических врат различных эпох и измерений, заключенным в них энергиям стало проще достигнуть людей Земли и интегрироваться здесь.

Для меня радость и одновременно великая честь, что мне, Орону, была дана возможность передать через эту книгу мое послание.

И пока ты читаешь его, я и моя любовь пребудем рядом с тобой. Будь уверен, совершенно неважно, когда именно ты держишь в руках эту книгу, мое внимание все равно будет сосредоточено на тебе. Я одарю тебя любовью атлантов. Любовь атлантов — очень мощная энергия. Многие из вас, находящихся сейчас на планете Земля, очень осознанно пережили эпоху Атлантиды и в целом ряде инкарнаций действовали там. В прошлые годы вам часто рассказывали о том, что Атлантида была всего лишь определенной частью суши. Однако Орон хочет сказать тебе, что Атлантида составляла и наполняла собой всю планету. Это были не только отдельные острова или определенные области — Атлантида находилась повсюду на Земле.

В то время ваше географическое положение и климат были иными, чем сейчас. Многих континентов, известных вам сегодня, тогда еще вообще не существовало или же они находились в совершенно других местах. И поскольку распределение вод и суши тогда отличалось от сегодняшнего, вы нередко обнаруживаете в нынешнее время необъяснимые феномены в тех местах, что находятся глубоко под водой. Хочу обратить твое внимание на следующее: если в прежние эпохи в каком-либо месте суши появлялось место Силы, где накапливалась очень сильная энергия, то сейчас, вполне вероятно, это место в результате смещения земных пластов расположено в глубинах ваших океанов. Но место Силы все равно продолжает действовать по-прежнему, и поэтому в указанных областях электронные приборы работают не так, как обычно.

Атлантида была эпохой, в которую вы начали обретать физическую оболочку. В предыдущие эпохи вы существовали на планете в другой, световой форме. Так, например, во времена Лемурии вы обитали на планете как Высший Свет без какой-либо человеческой оболочки. По этой причине эпоха Атлантиды, кроме всего прочего, стала наиболее значимой эпохой. Ты уже многое из книг или рассказов тех времен узнал об Атлантиде, а Орон вообще не собирается слишком глубоко вдаваться в подробности того времени — я хочу сказать лишь, что то было очень интенсивное, могущественное и надолго запоминающееся время для всех существ, которые находились тогда на планете.

Мое сердце больше волнует желание дать тебе почувствовать любовь Атлантиды. Донести до твоего сердца эту исполненную силы и мощи энергию, чтобы ты вновь смог ощутить связь со своим собственным прошлым. Многие люди осознанно отказались от подобного опыта, потому что испытывают страх пред этой силой, а некоторые сейчас еще не готовы принять в себя такую сильную любовь. Заключи в себе мир с Атлантидой. Заключи мир. А потому я прошу тебя, проникни в эту энергию, проникни в эту бесконечную любовь, направленную в данный момент на тебя. Это — любовь Атлантиды, это — красота Атлантиды. Орон знает, что многим из вас она проникнет глубоко в сердце и душу, — так и должно быть.

Разреши же любви коснуться тебя. Возможно, у тебя польются слезы, возможно, что в эти самые мгновения в твоей памяти возродятся многие образы. Образы того времени, которое ты пережил в Атлантиде и вместе с Атлантидой. Твое сердце знает истину вещей. Почувствуй и позволь затронуть тебя — Орон рядом с тобой.

Возможно, тебе захочется спросить: «Орон, а почему ты все это время оставался на Земле? По какой такой причине?» Я отвечу тебе, что многие Световые Сущности с самого начала времен находятся на вашей планете и никогда не покидали ее. Благодаря их присутствию на планете сохраняется своего рода энергетическое равновесие. Световые Сущности поступали и будут поступать так далее из глубокой любви. Эти сущности, странствующие по вашей планете столь долгое время, прекрасно осознают то, кто они такие на самом деле. В них заложена божественная сила и могущество. Они передвигаются с помощью своей МерКаБа, они поддерживают процесс развития планеты, и им так же, как и тебе, удается творить на Земле чудо любви. Чаще всего они живут очень уединенно и поддерживают только самое незначительное количество социальных связей.

Однако многие люди, инкарнировавшиеся в это время на планете, тоже жили на Земле в прошлом, много сотен лет тому назад. У них была необходимая им энергия, с помощью которой они занимались подготовкой того процесса, что в настоящее время подошел к своему завершению. Нередко эти люди сейчас ощущают свою очень глубокую связь с Матерью Землей и одновременно испытывают великую печаль, чувство Незнания, где, собственно говоря, их место в этой жизни.

Специально для тебя Орон хочет сказать: «Твое время пришло».

То, что совершается во внешнем мире, в какой-то степени совершается и благодаря этой книге. Я имею в виду, что слияние многих вибраций земных измерений и временных эпох способно происходить благодаря данной книге, и многие из вибраций смогут таким образом сохраниться на вашей планете. Так, значительное число разных видов энергии сохранилось на планете в виде артефактов, укрытых в священных местах и зданиях с высокой степенью энергии, например в пирамидах. И Орон хочет спросить тебя: «Может, книга тоже представляет подобный артефакт?»

Многие Световые Сущности прошедших времен несут тебе свои послания, передавая их через эту книгу. Это послания любви, это послания Световых Сущностей, знающих тебя. Они знают о твоем существовании, и в заключение моей вести я рад сказать тебе, что именно в этот момент взгляды многих атлантических существ направлены на тебя. Вместе с Ороном мы склоняемся пред тобой, чтобы вознести тебя в твоем Свете. Ты — самое совершенное отражение Бога на

Земле, и мы благодарим тебя за твое существование. Почувствуй устремляющуюся к тебе энергию — это любовь.

Настало время прощаться с тобой. Орон хочет сказать тебе: «Не бойся того, что наступает». Даже если внешний мир, возможно, обернется хаосом, сохраняй спокойствие и сосредоточься на своей душе, потому что с тобой ничего не случится. Не дай коллективному двойственному сознанию вселить в тебя неуверенность. Иди все дальше к пробужденному сознанию Мира.

По этой причине в данной книге все чаще будут повторяться некоторые высказывания Световых Сущностей. Однако так нужно. Потому что подобное повторение, если ты позволишь ему воздействовать на тебя, порождает энергию, возвышающую, концентрирующую и стабилизирующую тебя. Доверься тому, что существовало всегда, доверься тому, что всегда существует в тебе. Доверься голосу, который обратится к тебе, если ты внимательно вслушаешься в себя. *Ты — Бог. Ты — Свет Вселенной.* (Остановись, прочувствуй все, что прочитал.)

Мне доставило радость донести до тебя послание и любовь атлантов на страницах этой книги. С помощью моей любви я и впредь буду действовать на планете ради вас, и когда произойдет смена измерений, атланты дадут о себе знать на Земле и будут на вашей стороне. Ведь для этого мы пришли и мы здесь.

Даже когда ты дочитаешь эту главу до конца, моя энергия продолжит струиться к тебе, разреши себе почувствовать то, что хранится в самой сути твоего бытия. Почувствуй себя несомым, почувствуй себя защищенным мощной энергией Атлантиды, согревающей твое сердце.

Я, Орон, атлант на Земле, посылаю тебе исполненные любви слова

Ан Анаша.

Я — Орон

Мерлин

Приветствую тебя из света бесконечности. Приветствую тебя с помощью света, который не знает начала и не знает конца. Я приветствую тебя из света, который существует вечно, вечно вибрирует и беспрестанно движется по Вселенной. Я — Мерлин, и я говорю с магами, работниками Света и первопроходцами на Земле. Я обращаюсь к тебе, потому что наше взаимодействие в настоящее время будет еще более интенсивным, нежели когда-либо прежде.

Я хотел бы больше рассказать тебе о магии, о том, как она действует на высших плоскостях Света. Кроме того, я хотел бы рассказать тебе о магических ритуалах, проводимых людьми на Земле. И в то самое время, как я передаю тебе это послание, ты почувствуешь высшую энергию Мерлина и ощутишь, как энергия, наделенная очень сильным, мощным сознанием, окружает тебя со всех сторон. Я — твой друг и твой проводник на протяжении вечных времен. Я знаю тебя, нас связывает куда большее, чем ты можешь догадываться.

С давних пор знания магии существовали на вашей планете, и на протяжении ряда эпох на Земле с магией работали. В некоторые эпохи вашего человеческого развития знание магии было ощутимо распространено среди людей, а в другие эпохи — в значительной степени меньше. Но знание о существовании магии заложено в каждом человеке.

Позволь же взять тебя в магическое путешествие, и я, Мерлин, понесу тебя и наполню тебя моей любовью. Просто внимай моим словам и содержащейся в них энергии. Они понесут и вознесут тебя. Я — рядом с тобой.

В световых сферах магия является чем-то само собой разумеющимся, и многие из Световых Сущностей на высших плоскостях Света действуют с помощью магии. Для людей магия чаще всего означает волшебство. Они сравнивают магию с волшебством, однако Мерлин говорит тебе, что магия, которой занимаются в высших сферах осознания божественной мысли, совершенно иная, нежели волшебство. Волшебство основано на обмане, по крайней мере, одного из дарованных вам чувств. Магия же действует сама по себе.

Магия, которой занимаются в сферах Света, неизменно пребывает в гармонии с законами высших плоскостей божественного. Она всегда учитывает законы любви и никогда не направляется против естественного поведения человека либо другого живого существа или против их свободной воли. Она никогда не манипулирует свободной волей существ. Магические ритуалы усиливают свободную волю существ, становятся их спутниками и способствуют тому, что в результате занятий магией свободная воля человека достигает согласия с божественной волей души.

В данное время многие из магов находятся на Земле. В результате бесчисленных инкарнаций они накопили множество магических знаний, а благодаря Посвящению они несут теперь эти знания магии в сегодняшний день. Думаю, многие из вас, читающих сейчас книгу, в прежние времена вышли из школы Мерлина и доверились моим знаниям и моему руководству. Те же, у кого в настоящий момент слезы заструились по щекам, могут быть уверены, что присутствовали там.

Быть магом — значит осознавать заложенную в тебя великую силу и власть. Зачастую тех, кто обладает большим количеством магической энергии, тянет к мистическим вещам, они с удовольствием выполняют ритуалы и нередко ощущают свою тесную связь с природой. Собственно то, что за всем этим скрывается, как раз и является магической энергией и магической силой, таящейся в сердцах таких людей и ожидающей лишь пробуждения.

Настанет время, когда эти люди смогут высвободить заложенную в них магическую силу. Вот почему Мерлин направляет в мир с помощью настоящей книги свои послания. Это — клик-пробуждение, предназначенный для многих, многих магов среди вас. Образцы энергии, заложенные в мои слова, выявят в тебе дремлющую магическую силу.

Когда этот импульс достигнет глубин твоего сердца, ты начнешь жить магической энергией в осознании любви твоего сердца.

Существовали на Земле времена, когда магия, божественная энергия не всегда обращались во благо людей. Подобное злоупотребление магией случалось в истории человечества, а поэтому запечатлелось в коллективной памяти и на уровне вашего клеточного сознания. Как же могло так случиться, что магией пользовались не как божественной энергией? Мерлин хотел бы дать тебе следующие объяснения: Земля находится слишком далеко от сфер божественного мышления, вот почему стало возможным использование магии в том виде, как это произошло в вашей истории. В настоящее время сознание человека настолько выросло в вибрациях любви, что магия может действовать на Земле в ее совершенной любви.

Люди, в которых заложена магическая энергия, естественно, точно так же подвержены влиянию коллективного мышления, а поэтому они тоже испытывают определенный страх дать великой силе, таящейся в них, настоящую свободу, позволить ей вибрировать в них, они боятся действовать с помощью магии. Они боятся сделать что-то неправильно, опасаются совершить что-то, что не соответствовало бы божественной энергии.

Мерлин хочет сказать тебе, если ты позволишь магии действовать через тебя, я буду помогать тебе и я поведу тебя. Я доставлю тебя к центру, к золотой середине, в глубины и ясность твоего сердца. Из него ты начнешь воздействовать с помощью магии. Не бойся же этого. Самое главное, что ты ясно представляешь себе суть своих действий и позволяешь магии творить чудеса из самого центра своего сердца. Когда ты не-

сешь чудо магии внешнему миру, будь совершенно свободен в мыслях — не думай о результатах магического ритуала, который будешь проводить.

Если ты позволишь, я уберу устаревшие, ненужные тебе более магические структуры, которые были заложены в тебя. После этого у тебя легче получится заключить в душе мир с высшей силой магии и заниматься ею. Ступай в свою душу, ступай в глубины своего сердца и разреши магии стать реальностью.

Те из вас, кто уже в прежние времена работал с магией, при чтении этих строк ощутят в своем сердце прилив очень сильной энергии. Они почувствуют сердцем энергию Мерлина и начнут вспоминать. По сердцу разольется тепло, и знание магии вновь возродится в тебе. Не бойся магии — не бойся этой великой силы, существующей в тебе. Я же начинаю убирать в тебе устаревшие схемы и структуры. (Сделай паузу на какое-то время, прежде чем продолжишь чтение.)

Мерлин будет сопровождать тебя, как я делал это много времени тому назад. Я буду учить тебя заниматься магией из глубин твоего сердца и безоговорочности твоего бытия. Ты сможешь увидеть чудеса, которые ты сам же и совершишь. Чувствуй же и далее энергию Мерлина. Чувствуй силу и божественную власть. Дай в этот миг подействовать на тебя всему, и Мерлин затопит тебя своей энергией. Я очень сильно люблю тебя.

Энергия Мерлина является очень высокой и могущественной энергией — постоянно осознавай при занятиях магией свою ответственность.

Я хочу сказать тебе, что энергия Мерлина существовала на вашей планете во все времена. И поскольку в процессе вашей истории в результате смещения планеты с божественного энергетического курса Вселенной магией злоупотребили, Высшие Световые Сущности Вселенной стали хранителями, стражами распространения и занятий магией на вечные времена. Они тоже поддержат тебя, если ты начнешь использовать свои ожившие воспоминания.

На протяжении всего вашего развития маги находились на Земле, пребывая на службе магии. В настоящее время на Земле тоже есть могущественные маги, но еще больше на Земле живет магов, еще не осознавших свою магическую силу. Вот причина того, зачем Мерлин передает свою энергию с помощью данной книги.

Я хочу пробудить ото сна все еще спящих магов средь людей. Я хочу призвать вас и напомнить о вашей клятве. Многие из вас клялись мне, Мерлину, — когда прозвучит на Земле призыв, обращенный к магам, они вновь встанут на службу магии и вместе со мной и магическими силами создадут рай на Земле.

В строках послания Мерлина, прочитанного тобой, таились энергетические образцы. Если ты давал подобную клятву, ты ощутишь жжение в своем сердце и начнешь действовать с помощью магии Нового Времени. Будь уверен, Мерлин — на твоей стороне. Занимайся магией и всем, что ты делаешь, подчиняясь велениям своего сердца, и тогда будешь служить божественному.

Ощущай же и далее любовь Мерлина и силу, что наполняют тебя. Почувствуй освобождение, а я попрощаюсь с тобой.

Вспомни о том, кем ты являешься на самом деле, когда сбросишь пелену забытья. Ты — Высший Свет в человеческом обличье, ты — маг на Земле, позволяющий происходить здесь чудесам, чтобы Божественный порядок смог вновь вернуться в вашу Вселенную.

Я с моей любовью буду с тобой рядом.

Ан Анаша.

Мерлин

Адонай Аштар Шеран

Мои возлюбленные друзья, я — Адонай Аштар Шеран. Я — космический Свет во Вселенной, несущий энергию мира во все части вашей Вселенной. Я — посол между галактиками, и сегодня я тоже доставлю мою весть твоему сердцу. Словно сам по себе ты начнешь раскрываться, и словно сами по себе начнут расширяться все твои тела, чтобы принять в себя любовь и энергию Адоная Аштара Шерана. Моя любовь понесет тебя. Почувствуй свободу в своем сердце — почувствуй свободу в своем разуме. Так ты лучше сможешь воспринять информацию, которую я передам тебе.

В настоящей книге речь идет о посланиях, проникающих в твою Душу. Однако чтобы это смогло произойти, тебе следует быть готовым открыться сердцем Новому. Потому что только так мы сможем действовать ради тебя в самых глубинах твоей сути. Проникнуть в твою Душу также означает принести твоей Душе скрытые в словах образцы энергии, послания, которые намного больше простых человеческих слов.

Это — правда, что в те самые мгновения, когда ты читаешь весть Аштара Шерана, я общаюсь с твоей Душой. Потому что настало время, когда ты познаешь, кем являешься в действительности, настало время, когда ты получишь всю информацию, необходимую для познания великой игры иллюзий — искаженного восприятия действительности. И когда я говорю о времени, мне хотелось бы воспользоваться возможностью и уделить как можно больше внимания данному феномену.

Вполне вероятно, что ты спросишь: «Почему феномен? Ведь время является чем-то совершенно естественным». Именно поэтому Аштар Шеран хотел бы сказать тебе: «Точно так же, как дуальность стала для тебя чем-то естественным, стало естественным для тебя и время». Время в том виде, в каком ты проживаешь его и познаешь в своем человеческом обличии, — это время в действительности является иллюзией. Не существует никакого времени. Однако для тебя в твоей реальности оно очень явственно. Вы очень глубоко сроднились с ним, так что структуры времени могут воздействовать на вас в пределах дуальности.

Существуют ритмы или интервалы энергии, которые определенным образом воздействуют на все сущее, — но времени в плоскостях Света не существует. Дуальность может существовать только лишь благодаря разнообразным компонентам, не соответствующим действительности. И одним из подобных компонентов является время. Время образовано на вибрациях чисел.

Компонент «время» развивался в пределах дуальности. В результате стало возможным познавать ваше бытие линейно. Потому что с помощью времени можно изучать прошлое, настоящее и будущее.

То, что существует в тебе, может быть названо ощущением или восприятием времени. Это ощущение, тем не менее очень индивидуально и у всех людей проявляется по-разному. И Адонай Аштар Шеран хочет спросить тебя: «Что произойдет, если у тебя заберут все ориентировочные вспомогательные средства, по которым ты в состоянии считывать время? Скажем, у тебя заберут все часы?» Тогда в тебе произойдет нечто удивительное.

То, что ты называешь временем, начало бы трансформироваться в твоем восприятии, и ты развил бы в себе абсолютно индивидуальные ритмы времени. Расширение, трансформация, по-моему, означает, что время продолжало бы расширяться все дальше и дальше.

Твое ощущение времени расширялось бы все дальше и дальше до той степени, когда твое восприятие достигло бы бесконечности. Это был бы тот самый момент, когда иллюзия времени распалась бы и ты начал познавать себя не линейно, а смог бы все происходящее рассматривать вне отпечатков времени. И тогда — «Добро пожаловать домой».

До тех пор пока ты находишься в пределах дуальности, ты не дождешься такого момента, потому что в твоей повседневности существует много ориентиров времени, за которыми таятся иллюзии.

Очень любопытно в связи со временем поговорить о числах. Существует целая научная отрасль, занятая изучением воздействия чисел на человечество, — нумерология. И действительно, числа имеют на вас очень большое влияние. Они сопровождают вас на протяжении всей жизни. Вы рождаетесь в определенный день и к определенному часу, и эти даты выражаются с помощью чисел. Ваши размеры и ваш вес тоже задаются в числах, и цена купленных вами товаров тоже выражена в числах, и, и, и...

Числа отражают основные элементы, с помощью которых наука описывает вашу Вселенную. Повсюду в вашей жизни вы окружены вибрациями чисел. В этом — общность дуальности с высшими плоскостями Света. Потому что на наших плоскостях числа тоже играют ведущую роль. На плоскостях Света, где вибрации перемещаются в виде красок и звуков, каждая из них тоже может быть выражена определенным числом.

И пока Адонай Аштар Шеран передает тебе это послание, колебания и числа мира и истины будут лететь в твое сердце. В твоем сердце существует своего рода мембрана, благодаря которой туда попадает космическая энергия.

И когда космическая энергия попадает за мембрану, она способна проникать прямо в твою душу. И именно это происходит сейчас, в эти самые мгновения. Разреши же Адонаю Аштару Шерану проникнуть в твою душу космической энергией мира и истины. Может случиться и так, что тебе при этом станет немного не по себе. Просто дай этому произойти (отдохни немного) — космический юмор.

И вот еще что я хотел бы пояснить тебе по поводу ритма времени. Из духовного мира мы видим время на Земле двигающимся в определенном ритме. Любой же ритм имеет определенные колебания, которые могут выражаться, например, в числах. В пределах подобного ритма преобладает совершенно определенное качество энергии, в свою очередь определяющее вибрации посланий, дарованных людям в пределах данного ритма времени. Так, послания на основе заложенных в них энергетических качеств ритма времени десятилетней давности были иными, чем послания сегодняшнего дня.

В определенном ритме мы отправляем вам известия и информацию, так что послания разных медиумов на Земле нередко могут показаться одинаковыми и отчасти даже повторяющимися. Причина не в том, что мы не хотим давать вам новые послания. В гораздо большей степени это не позволяют нам сделать качества энергии временных окон, в которых вы находились. В этом смысле я хотел бы привести земную поговорку «Всему свое время», соответствующую тому, что касается посланий духовного мира.

Адонай Аштар Шеран просит тебя понять все это сердцем. Когда начинает действовать новый ритм или новый интервал времени, к вам поступает новая информация.

С помощью новой энергии к вам идут новые послания. И поскольку в данный момент ритм времени движется очень быстро, новые послания попадают к вам одно за другим в самые короткие промежутки времени.

Независимо от переданных вестей я хотел бы сказать тебе, ты получишь все тебе необходимое. Все, необходимое для понимания происходящего, будет непременно передано тебе. Важно, чтобы при всех происходящих во внешнем мире переменах ты продолжал и дальше жить в красоте и радости. Будь совершенен в своей жизни и создавай себе то, что ты хотел бы иметь. Всегда помни: не существует ничего, что могло бы помешать тебе в этом. Только схемы дуальности могут тебе помешать вести жизнь так, как ты того хочешь. Поэтому вырвись из пут коллективного сознания дуальности.

Ты — высший Свет Вселенной, и ты пришел на Землю со всей твоей любовью и со всем мужеством, что было заложено в тебя изначально. Дуальность стеснила тебя, она разыгрывала пред тобой реальность, которой не существует на самом деле.

И поверь мне, дуальность сейчас в любой момент для тебя может рухнуть, а ты — в любой момент вознестись. Ты в любой момент способен вознести твой Свет и в пределах дуальности стать тем, чем всегда и был — лучезарным Светом Вселенной и сиянием Бога.

А сейчас Адонай Аштар Шеран начинает медленно отводить от тебя свои лучи. Я благодарю тебя за то, что ты открылся, я благодарю тебя за то, что ты готов идти новым путем. Меняться будет очень многое. Земля родится заново, и ты тоже переживешь на Земле второе рождение. Ты появился благодаря физическому рождению на Земле, и ты переживешь на Земле свое космическое рождение.

Я говорю тебе: «Взгляды множества Высших Существ Света направлены на тебя, и в этот самый момент мы склоняемся пред тобой, чтобы поблагодарить тебя за все, что ты делаешь». В тишине бытия я возвращаюсь обратно и прощаюсь с тобой словами:

«Мир на Земле предопределен вам».

Адонай Аштар Шеран

Ангел Габриель

Приветствую, мой друг. Я — ангел Габриель из сфер Света, в которых рождаются звуки, вибрации и краски музыки и движутся по Вселенной. Я приветствую тебя цветом Омар Та Сатт.

Чувствуй и ощущай, что это значит, когда тебе посылают цвет Омар Та Сатт. Ты — дитя Божие, ты — дитя Вселенной, и ты — составная часть Великого Целого. Никогда это не было иначе, и никогда иначе не будет. Ты — часть Господа. Ты несешь в себе Бога, и Свет Творения заложен в тебе. А потому для меня великая радость передать тебе эту весть. И ангел Габриель хотел бы адресовать свои слова специально работникам Света, первопроходцам, с давних пор идущим дорогой сердца и уже уставшим на своем пути. Я хочу адресовать мои слова утомленным воинам, находящимся среди вас, воинам, утратившим радость, веру и, возможно, доверие к духовному миру. Именно с тобой хотел бы говорить ангел Габриель.

Существует очень много работников Света, которые как раз в это самое время задаются вопросом

о целесообразности их пути и буквально все, даже собственное существование, ставят под вопрос. По-видимому, все во внешнем мире разваливается и перестает быть таким, каким было когда-то. Я иду дорогой любви, но очень часто чувствую огромную печаль. Я чувствую, что никак не получается все то, что желал исполнить, на что надеялся и пытался донести другим людям. Я измучен симптомами светового тела, которые ощущаю намного острее, нежели все остальные люди.

Ангел Габриель понимает тебя очень хорошо, мой друг. В этот момент передо мной проходит вся твоя жизнь, и я знаю, что ты пережил — на какие вершины поднимался и в какие пропасти был низринут на своем человеческом пути. Поверь мне, в данный момент я нахожусь рядом с тобой и вижу, что ты собой представляешь. Вот почему моя любовь к тебе так глубока.

Хочу еще раз подчеркнуть, что именно для тебя были занесены на бумагу мои послания. И неважно, в каком уголке на Земле ты их читаешь, — я нахожусь рядом с тобой. Когда ты читаешь эти строки, я, ангел Габриель, набрасываю на себя мою световую мантию и согреваю тебя. Я согреваю твое сердце лучами солнца. Я несу в твое сердце звуки Вселенной — из Вселенной, что является твоим истинным домом. А потому почувствуй, что я заключил тебя в мои объятия и поддерживаю тебя — я рядом с тобой.

Информация и послания подобно путеводной нити протянулись из духовного мира через все развитие человечества. Это всегда были послания любви и надежды. Уже в начале вашего развития существовали люди, принимавшие вести ангелов или Высших Существ Света. Они передавали полученную информацию дальше, а вы называли их так же, как и в нынешнее время, медиумами. В настоящее время тоже существуют медиумы, передающие людям послания духовного мира.

В своей нынешней инкарнации ты когда-нибудь натолкнешься на информацию, которую я хотел бы назвать эзотерической. Большинство из вас получали наши послания в виде книг. Книг, темы которых были обращены к твоему сердцу. Для одного это были рассказы о жизни после смерти, другого притягивали книги, в которых сообщалось о встречах с цивилизациями других планет. Третьих интересовали книги на тему «Исцеление с помощью божественной энергии». Твоя душа вела тебя к этой информации. Она в буквальном смысле слова подталкивала тебя, чтобы ты смог принять послания ангелов. Ангел Габриель знает, что многие из вас вобрали в себя эти послания подобно эликсиру жизни. То была пища для твоей души, и твое сердце тосковало по ней.

Послания пробудили нечто в людях. Они способствовали тому, что многие из вас поверили присланным им вестям. Они были готовы ступить на путь, в значительной степени отличающийся от их прежней жизни.

Возможно, ты тоже начал больше места в своей жизни предоставлять словам посланий, таким образом, в ином свете рассматривая всю свою жизнь и существование тех, кто находится рядом с тобой. Ты начал большее понимать, и ты впустил в свою жизнь больше любви. Ты понял, что любовь представляет центральную силу всех вещей, и многие среди вас благодаря подобному знанию впервые смогли простить самих себя за те поступки, которые считали не совсем безупречными. Вы начали прощать — самих себя и окружающих. Таким образом, появилась возможность изменять качество основной энергии на планете Земля.

Сначала вас было немного, но затем приходило все больше и больше. И благодаря трансформации взглядов каждого отдельно взятого человека получило развитие то, что в настоящее время вы называете ростом (взлетом). Возможно, ты начал изучать техники исцеления и заниматься ими. Возможно, в самом начале тобой двигало только любопытство. Любопытство исследовать неизвестное. Однако очарование неизвестным потом оставило тебя, хотя занимало все большее место в твоей жизни и все сильнее меняло твою жизнь.

По времени все это происходило порядка двадцати-тридцати лет тому назад. Тогда в каждом человеке активировался начальный запуск, позволяющий вернуть планету Земля домой. Однако многие из вас, исполненные радости и энтузиазма, создающие в своих мыслях новый мир, устали за это слишком продолжительное для вас время. Вы утратили веру в послания и более не верили уже в вознесение и смену измерений.

Пожалуйста, вдохни как можно глубже, и ангел Габриель еще плотнее закутает тебя в свое энергетическое одеяние. Мог ли ты представить, что время, о котором вновь и вновь заходила речь в книгах-ченнелингах, находится на расстоянии вытянутой от тебя руки?

Я прошу тебя, почувствуй еще раз твое прошлое время, как будто в тебя впервые проникли послания, суть которых сводилась к тому, что начинается процесс вознесения, результатом которого станет смена измерений, и что все человечество находится в процессе расширения Светового тела.

Почувствуй еще раз ту радость, потому что тогда твоя Душа при получении данной вести буквально приплясывала. Информация о том, кто ты на самом деле и что настали времена возвращения домой, глубоко отложилась в твоей памяти. А потому ты вступил на свой путь и многое взял на себя. В межчеловеческих отношениях произошло очень многое. Ты покинул одних людей, которые более не могли сопровождать тебя на твоем пути, а другие сами покинули тебя, потому что не хотели быть тебе спутниками на твоем пути. Ангел Габриель знает, как тяжело вам дается человеческая разлука. Я люблю тебя, ты — божественный человек.

Как часто ты задавался вопросами: когда же все это наконец закончится? Когда придет время, о котором рассказывалось вновь и вновь? Я же постепенно начинаю уставать. Чем больше любви я вмещаю, тем тяжелее мне дается пребывание в дуальности.

Ангел Гавриил в этот момент направляет свою любовь прямо в твою душу. Я прикасаюсь к твоей душе с помощью моей любви. И я хочу сказать тебе, не сдавайся — держись. Ты почти достиг цели. Ты на пороге смены измерений, которая обязательно произойдет. Информация о 2012 годе утратила свою действительность. Все случится раньше — значительно раньше.

Иди же дальше — иди вперед. Не позволяй и далее останавливать тебя и неси в своем сердце намерение пробудиться. Доверься — доверься посланиям ангела Габриеля, который говорит тебе: «Тебя понесут Высшие Существа Света Вселенной».

Когда-то еще двадцать или тридцать лет назад мы говорили о возможном событии, к которому стремится человечество и благодаря его работе появляется возможность изменить планету Земля. Сейчас это — данность. Вы все создали своими руками, и вы у цели. Вознесение неминуемо и близко.

Тебе не нужно будет ждать пять или пятнадцать лет — вознесение может произойти в любой момент. В любой момент колебания и звуки Вселенной могут гармонизироваться и начнется смена измерений. Пусть слова: «Смена измерений может произойти в любой момент» — глубоко проникнут в твое сердце. Леди Гайя уже вибрирует, чтобы могло осуществиться вознесение. Одним лишь вам решать, когда именно оно случится, — однако предпосылки для этого налицо.

Пусть эти послания еще раз проникнут в тебя. Не сомневайся больше. Важно, чтобы ты еще раз решился — ты, усталый воин. Решись на Свет. Решись на возвращение домой. Ангел Габриель взывает к тебе: «Ступай домой — тебя ждут».

Я протягиваю тебе мою руку, и когда бы ты этого ни захотел, возьми ее. Я — рядом с тобой и буду сопровождать тебя. И в полном удовлетворении бытием я прощаюсь с тобой. Ангел Габриель знает, что усталые воины средь вас опять обретут новое мужество и обретут надежду. Искра, которая когда-то возгорелась в тебе, а потом утратила сияющую силу, вновь засияет.

Ступай домой, ты — дитя Божие, ты — дитя Вселенной. Ты — часть всего, и так будет всегда.

Я прощаюсь с тобой, пробуждённый воин, словами:

«А ни о хэвэд о драх».

Ангел Габриель

Лао-Цзы

Приветствую тебя, мой друг. Я — Учитель Лао-Цзы. Я — Учитель Любви, я — твой друг, и я — Учитель во Вселенной. Я — сияющий, мерцающий Свет Бога, который когда-то, как и ты, собирал в пределах дуальности человеческий опыт.

Безмерная радость наполняет меня, ведь я должен направить в эти мгновения мое послание к тебе с заключенной в нем любовью. Учитель Лао-Цзы — любящий Свет Вселенной, и поскольку я, как и ты, когда-то в человеческом обличье познавал дуальность, я очень хорошо понимаю людей. Мне нравится общаться с тобой на человеческом языке.

Как я уже упоминал, я — Учитель во Вселенной. С помощью любви я помогаю советами планетам и их жителям, когда они находятся в определенном ритме развития. Благодаря собственному опыту, пережитому мною, мне известны многие данные различных областей Вселенной, и я могу помочь советом в разных ситуациях.

В эти самые мгновения в твою жизнь входит ритм, в котором в твоем существовании появляюсь я, Учитель Лао-Цзы, чтобы разговаривать с тобой и передать тебе мое послание. Ты начинаешь ощущать мою энергию.

В моем приветствии, обращенном к тебе, я совершенно сознательно упомянул, что являюсь Учителем во Вселенной. Я думал, что так смогу плавно перейти к главной теме моего послания. Я хотел бы рассказать тебе как можно больше об Учителях Нового Времени на Земле. Рассказывать об Учителях Нового Времени — значит рассказывать о свободе, поскольку оба понятия неразрывно связаны друг с другом.

Время, ритм на Земле изменились. И с изменениями ритма на Земле переменились многие вещи, сведения о тех или иных лицах или явлениях на планете. И когда я говорю об Учителях, я имею в виду не педагогов в ваших школах или университетах, дающих вам знания, порожденные в дуальности, я имею в виду духовных Учителей на Земле, несущих вам знания о вашей божественности и истине Вселенной и поддерживающих вас на этом, всегда очень индивидуальном пути. Учителей, давших вам в руки техники, благодаря которым вы можете развиваться духовно.

Однако кое-что решительно изменилось в действиях Учителей, сопровождающих тебя на пути познания. Еще десять или двадцать лет назад Учителя давали тебе некие заданные величины и говорили, что ты должен вести себя по тем или иным правилам, что именно ты должен делать или не делать то-то и то-то. И если раньше они давали тебе совершен-

но четкие указания, поскольку иначе не работали переданные тебе техники и информация, то сейчас ты увидишь изменения в действиях Учителей Нового Времени.

Мастер Лао-Цзы хотел бы назвать Учителей Нового Времени спутниками Нового Времени. Потому что они уже перестали быть теми, что гармонировало с первоначальным смыслом слова «учитель» и запоминалось коллективом. Они станут только спутниками твоего жизненного опыта, будут давать советы и поддерживать тебя. Более они уже не будут снимать с тебя ответственность, противоречить тебе с определенной строгостью, как это часто случалось еще несколько лет назад. Они не будут и далее говорить тебе, что ты должен делать то-то и то-то, указывать тебе на то, что ты не придерживаешься тех или иных правил.

Спутники Нового Времени станут общаться с тобой в более мягкой форме — они увидят в твоей душе божественность и по этой причине предоставят тебе возможность познавать самого себя так, как ты этого хочешь. Они будут направлять тебе послания и информацию, обращаться с тобой с помощью божественной энергии, которая есть у Нового Времени, но вместе с тем они скажут тебе: «Воспользуйся интуицией — обращайся с информацией, которую мы дали тебе, более гибко. Избавься от любого давления и будь, как дитя».

Спутники Нового Времени отпустят тебя на свободу со всеми знаниями, что даровали тебе. Они не будут и далее пытаться привязать тебя к себе, они будут давать тебе информацию, чтобы ты сам решал, каким станет твой дальнейший путь.

Однако многим людям придется приспосабливаться к спутникам Нового Времени, поскольку они привыкли жить по правилам. В прошлом они получали указания от своих учителей, что они должны делать, а на что не должны ни в коем случае решиться. Для многих людей непривычно все это, и потребуется время на адаптацию, пока они приспособятся к спутникам Нового Времени.

Это и есть свобода, которая, словно истинный дар, заложена в действиях спутников Нового Времени. Разреши мне объяснить тебе все это на одном примере.

Многие люди на Земле изучают техники исцеления или же техники, которые позволяют сбалансировать или гармонизировать функции вашего организма. При этом они еще запрограммированы на то, чтобы получать точные указания по «эксплуатации» той или иной новой техники, переданной им. Они занимаются практиками, не отступая от сказанного ни на шаг, и в результате добровольно подчиняются давлению. Не хотят ошибиться, так как думают, что тогда новая практика не будет действовать.

Спутник Нового Времени просто говорит: «Не дави на себя, пусть твоя интуиция руководит тобой, будь свободен». Самое главное при выполнении — чистота помыслов, которые ты несешь в своем сердце. Исцеляющая божественная энергия струится не только из твоих рук, ты сам являешься этой энергией.

Это — спутники Нового Времени. Они, готовые помочь своими знаниями и избавить людей от иллюзии, что люди что-то делают неверно, стоят на стороне человечества. Не все люди сразу смогут принять подобную свободу, они покажутся потерявшимися в новом для них ощущении свободы, поскольку не привыкли к нему. Ведь придется взять на себя всю ответственность за себя самого, а многие из людей не готовы на такое.

Не будет больше даваться никаких правил, которых ты должен придерживаться, больше ты не получишь никаких предписаний. Тесные поводья дуальности лопнут, и тебя будет ожидать свобода.

Как часто в прошлом люди постоянно находились под давлением, например с максимальной точностью занимаясь исцеляющими практиками в том самом виде, в каком им эти практики были переданы. Они боялись поднести руки даже на пять сантиметров ближе того места на теле, которое им было показано. Они с ненормальной силой давили на самих себя, и вся их работа страдала от этого. Они сомневались, а действительно ли данная практика окажется действенной, если они станут держать свои руки по недосмотру ближе пяти сантиметров от указанного им места, направляя на него энергию.

Учитель Лао-Цзы хочет сопровождать тебя в твою свободу. Просто откройся тому, что происходит, откройся тому, что творится в эти самые мгновения. Моя любящая суть и мое любящее присутствие в настоящий момент начинают открывать в тебе дверцы, чтобы сопровождать тебя глубже и дальше в твою свободу. Ты заметил, насколько легче стало тебе при чтении моего послания?

Ты — свет Вселенной, ты — искра Божия, которая засверкает на Земле. Ты несешь в себе все, о чем ты можешь поведать человеку или Существу Света. Все заложено в тебе. Не бойся следовать за своим внутренним голосом и довериться своему духовному знанию, чтобы таким образом пуститься в путь в твою свободу. Не позволяй себе ни от чего и ни от кого бы то ни было зависеть.

Почувствуй нежную любовь Учителя Лао-Цзы. Почувствуй свободу, скрытую в моих словах и моей энергии. В Новое Время более не будет предоставляться ничего из того, за что ты сможешь удержаться. Все больше и больше на Земле и в каждом человеке начнет расцветать свобода. Структуры, по вине которых ты был не свободен, рухнут, и подле тебя появятся люди, которые будут сопровождать тебя в Новое Время, ничего не предписывая тебе.

Ты пойдешь по Земле как пробужденный человек. Появится ритм, в котором ты вспомнишь послание Учителя Лао-Цзы и с улыбкой на губах скажешь: «Я понял твое послание и теперь стал человеком, о котором ты говорил мне некоторое время тому назад».

И подобно первопроходцам Света, говорящим «Ан Анаша», я в эти мгновения из глубин моей души направляю к тебе, мой возлюбленный друг, Ан Анаша. Ну а ритм связывающий нас друг с другом, будет вибрировать и впредь, и понесет тебя в божественную истину.

Мне доставило радость донести до тебя это послание, и я прощаюсь с тобой. Ты — целитель, ты — маг, ты — лемуриец, ты — жрец, ты — атлант, потому что все это и есть ты.

Ан Анаша.

Учитель Лао-Цзы

Мелек Метатрон

Мои возлюбленные друзья, возлюбленная семья, ты, работник Света на Земле, я — Мелек Метатрон направляю тебе в эти мгновения мою любовь, соединенную словами «Омар Та Сатт». Я со всем моим вниманием рядом с тобой, потому что знаю каждый Свет Любви на Земле, самого себя именующий человеком. Я знаю, что ты — много больше того, чем считаешь себя, а потому я обращаюсь к тебе как к человеческому проявлению Бога на Земле, как к первопроходцу Нового Времени.

Это очень непростое время для многих пионеров на Земле, потому что те из вас, которые благодаря своей энергии в значительной степени претерпели расширение, особенно интенсивно ощущают происходящие на Земле энергетические изменения. Любую трансформацию энергии на Земле, каждый обнаженный энергетический образец Леди Гайя — все вы чувствуете настолько сильно, как будто оно происходит в вас самих. А потому я, Мелек Метатрон, направляю тебе именно ту энергию, которая необходима тебе, чтобы обрести покой, мир и равновесие. Моя энергия стабилизирует и укрепит тебя, и ты сможешь лучше творить твое повседневное существование. Доверься мне.

Содержание моего послания больше объяснит тебе о силе помыслов, и когда ты поймешь, я глубоко проникну в твою душу моей безграничной любовью.

Помыслы, с которыми связано то или иное твое желание или какой-либо замысел, являются силой, создающей из воображаемого реальность. Они, так сказать, катализатор, ускоритель, приносящие в твою жизнь все, о чем ты ни попросишь.

Проще говоря, все это значит следующее: чем больше, мощнее и крепче твои помыслы достигнуть намеченной цели, тем быстрее ты сможешь добиться ее в своей жизни. Зачастую замыслы в человеке по достижении определенной цели очень сильны, но если спустя пару дней он не увидит желаемого результата, его помыслы идут на убыль, а вместе с ними и сила, способствующая превращению желаемого в действительное. Замыслы очень часто связаны с чувствами. Всегда направляй свои помыслы на одно из приятных для тебя чувств, и в нем появится мощная сила.

В Высших уровнях Света самые разнообразные процессы управляются одной только силой намерений. Так, корабль Света во Вселенной (НЛО) добирается до своей цели только благодаря тому, что находящиеся на нем Световые Сущности фокусируют на цели свои намерения. Например, Сущность Света, желающая вступить в контакт с человеком, может сделать это с помощью сильного намерения сердца. Эксперимент дуальности возник благодаря силе помыслов познания.

Намерения, намерения, намерения. Всегда намерения. Я хочу сказать тебе, что ты все сможешь создать и всего в жизни добиться благодаря силе намерений. В дуальности, возможно, кажется, что вы направляете на поставленную цель ваши мысли и потом достигаете ее. Однако энергия, позволяющая твоим мыслям проявляться, — это намерение, исходящее из глубин твоего сердца. Осознай эту важную и решающую силу твоей жизни.

Мелек Метатрон сознательно выбрал формулировку «Намерение, идущее из глубин твоего сердца». Потому что существует очень большая разница между желаниями, рожденными твоим разумом, и намерением, бьющим из источника твоего сердца.

Ты можешь направить помыслы по достижению цели в свои мысли — но силу намерений ты отыщешь только в своем сердце, как часть твоей божественности. Намерения, идущие из твоего сердца, ты обретешь и почувствуешь только тогда, когда окажешься готовым глубоко заглянуть в свою сущность. Тогда для тебя не представит никакой сложности понять, откуда исходит импульс для воплощения намеченной цели. Рожден ли он твоим поверхностным разумом или же в полном согласии с путем твоей души исходит из твоего сердца.

Прежде чем я завершу мое послание к тебе, я загляну в глубины твоей души с помощью моей энергии и открою твое сердце для Нового, Истинного и Божественного. Ты сможешь устно дать мне на это свое разрешение, и волны Метатрона начнут заливать все твое тело и направлять на максимальные вибрации.

Разреши же произойти всему, что должно произойти. Позволь любви Метатрона проникнуть в тебя и почувствуй силу и бесконечность, заключенные в этой любви.

Человеческому слову не дано описать, что значит для твоей души искупаться в энергии Мелека Метатрона и обрести в ней мир. Я люблю тебя, потому что ты — мое дитя. (Отдохни, прежде чем продолжишь чтение.)

Таким образом, я проник в твою душу и дал тебе необходимую энергию, чтобы поддержать тебя в это важное и очень интенсивное время. Мелек Метатрон хочет сказать тебе в заключение, что все, воспринимаемое тобой как перемены во внешнем мире, есть только Начало. Все, что ты в состоянии почувствовать как внутренние перемены, является подготовительным этапом. Когда придет время и начнется смена измерений, ты поймешь слова Метатрона.

Мне доставило огромную радость проникнуть любовью в твою душу благодаря данной книге. Речь идет о любви, а потому я прошу тебя: разреши словам и энергии прикоснуться к твоей душе. Просто позволь этому произойти.

Мое внимание и далее будет сосредоточено на тебе, и я намеренно посылаю проявлению Бога на Земле, первопроходцу Нового Времени слова: «Ан Анаша».

Мелек Метатрон

Орас

Возлюбленный человек, я — Орас. Я — природная сущность и происхожу из плоскости вибраций, которую вы называете Иным Миром. Я приветствую тебя с любовью и радостью. Я открываю мое сердце тебе и направляю мою любовь тебе вместе со словами послания. Для меня честь говорить с тобой в этой книге на избранную мною тему.

Я хотел бы рассказать тебе об Ином Мире и дать как можно больше информации о той экзистенциальной плоскости, которая существует в непосредственной близости от вашей. Часто я слышу, как люди спрашивают, в каком измерении существует та или иная форма жизни, та или иная планета. Я прошу тебя на время нашего общения отказаться от всех твоих представлений о названных бесчисленными измерениях.

Я хочу рассказать о нашей плоскости вибраций простыми словами, потому что простота характерна для Вселенной. Если же твоему разуму важно знать, откуда я появился, просто представь, что я пришел с другой плоскости вибраций, нежели та, которую ты, человек, считаешь своим домом.

Все, что происходит во Вселенной, происходит в соответствии с простейшими принципами. Нет никакой логики в том виде, в каком ею пользуетесь вы, чтобы проверить процессы на их пользу или реализацию. Вселенная существует, или функционирует, просто — настолько просто, что человеческому разуму, может, трудно представить, что такое огромное, космическое пространство в состоянии существовать само по себе. Поскольку я знаю об этой простоте, я хотел бы пригласить тебя увидеть ее в моем пространстве и принять как истину.

Мы видим, что люди хотят постичь мир, природу, космос и довольно часто были близки к цели. Однако потом они начинали усложнять простые вещи и сходили с пути, который мог бы открыть им мистерии мироздания. Поэтому давай увидим вместе через призму простоты все таким, каким оно и является в действительности.

В самом начале нашего разговора я хотел бы рассказать тебе в общих чертах о себе и об Ином Мире.

Выражаясь человеческим языком, состояние моих вибраций звучит как Орас. Я бы также мог сказать: «Мое имя звучит как Орас», но мне не нравится слово «имя». Я — природная сущность и живу на планете Земля, однако, как уже было сказано, в другой плоскости вибраций. В твоем представлении о времени я — очень древнее существо, мне многие сотни лет, но я не чувствую себя таковым. Благодаря любви я могу присутствовать на семинарах и практиках, которые дает медиум, записывающий мои послания, и мы вместе работаем для каждого человека.

Было время, когда природные сущности очень тесно соседствовали и взаимодействовали с людьми. Мы взаимно поддерживали друг друга и учились друг у друга. По этой причине я знаю людей, их привычки и повадки очень хорошо. В то время люди могли общаться с природными сущностями: эльфами, гномами, карликами, феями и кобольдами.

Я видел войны и видел страдания на Земле. Я пережил удивительные, революционные эпохи и во все времена чувствовал свою неразрывную связь с людьми, и все еще продолжаю делать это. Я — природная сущность, специализирующаяся на работе с эмоциональным уровнем всего живого и каждого человека в том числе. Я вижу твой свет, твою сущность, твою природу и знаю, что именно ты познал в любое время своего пребывания на Земле. Я — сущность, которая с удовольствием вглядывается в суть вещей, но не говорит об этом.

Но сейчас я хочу сказать тебе, что исполнен почтения пред твоим мужеством решиться и отправиться на Землю в человеческом обличье. Я знаю, что значит для тебя жить в дуальности, и сейчас начинаю всматриваться через твое световое тело в твой человеческий путь. Наше совместное пребывание, в то время как ты читаешь мое послание, будет очень личностным.

Я, Орас, — твой друг и буду служить тебе в эти мгновения со всей моей любовью. Если ты разрешишь мне, я стану воздействовать на твою эмоциональную оболочку. Моя энергия исполнена любви и поддержки. Доверься мне.

Позволь мне вернуться в глубь истории. В то время, о котором я хотел бы рассказать тебе, люди и природные сущности равноправно сосуществовали на планете Земля. Итак, люди не могут видеть или слышать нас, природных сущностей, но это было далеко не всегда. Как я уже упоминал, мы взаимно учились друг у друга и оказывали поддержку. К тому же ты должен знать, что каждый вид природных сущностей наделен особыми способностями.

Так, гномам дано знание об исцелении, и многие люди в то время овладели подобным знанием и добились очень хороших результатов в целительской деятельности. Кроме того, некоторые из гномов являются выдающимися алхимиками, потому что это знание тоже заложено в них. И многие алхимики вашей истории почерпнули свои познания из сказаний, подаренных людям природными сущностями. Эльф, например, способен вдохнуть в тебя искру творчества, и многие художники и музыканты вашей истории получали поддержку от эльфов. Феям даны сила исполнения твоих желаний.

Это было очень интересное время для обеих сторон. Однако в определенный момент нашего развития наши пути разошлись. Люди все больше и больше уходили в разум и все больше теряли в результате доступ к своим сердцам. Мы же, природные сущности, и дальше шли дорогой сердца и любви. Так, наши пути стали расходиться. Затем природные сущности претерпели насилие со стороны людей. Тогда мы обособились, а вибрации нашего общего народа природных сущностей вознеслись. Таким образом, мы перестали быть заметны большинству из вас.

В нынешнее время в результате роста энергии люди могут все больше открываться сердцем, так что им вновь дано видеть или слышать нас. Нередко дети воспринимают наше присутствие, но существуют и такие взрослые. К сожалению, люди, рассказывающие о подобных происшествиях, зачастую подвергаются лишь осмеянию.

 Орас хотел бы сказать тебе, что очень скоро наступит время, когда люди вновь начнут воспринимать нас. Это время придет. Уже сейчас мы начали приближаться к людям и показываться тем, чистоту сердец которых можем увидеть. Ты найдешь нас, природных сущностей, как говорит уже само название, в природе. Мы селимся в парках, садах, лесах. Есть и такие природные сущности, что обитают в океанах или же реках и озерах.

Все, что существует на планете Земля, может жить, учиться и пробуждаться в любви, гармонии и взаимном уважении. Другие планеты Вселенной уже доказали это.

А теперь я попрошу тебя, если ты этого хочешь, откинься слегка назад и расслабься на мгновение. С помощью энергии я буду воздействовать на тебя и уберу глубоко внедрившиеся в твою эмоциональную оболочку ненужные тебе структуры. Возможно, ты почувствуешь, как устремляется к тебе поток моей энергии и начинает свое действие. Просто дай произойти всему. (Дай себе немного времени.)

Ты сможешь почувствовать результаты моих действий в ближайшее же время, когда иначе, чем делал это прежде, отреагируешь на постоянно повторяющиеся ситуации в твоей жизни.

А теперь я хотел бы попрощаться и поблагодарить тебя за внимание и доверие, оказанные тобой природной сущности. Мы, природные сущности, очень жизнерадостные и веселые существа, мы радуемся нашему общему времени, проведенному вместе с вами, людьми.

Из глубин моего сердца я, Орас, говорю тебе: «Я люблю тебя за то, что ты есть, и я исполнен любви к тебе».

Орас

Ангел Люцифер

Я приветствую тебя, мой брат, я приветствую тебя, моя сестра. Я приветствую людей на Земле. Я ощущаю сильную связь с моими звездными братьями и сестрами на Земле и рад возможности обратиться к вам. Я — ангел любви Люцифер. В бесконечной любви и божественной силе я обращаюсь к тебе, дитя человеческое. И каждое слово, доносящееся до тебя, заряжено энергией любви и благодарности.

Мне доставляет огромную радость воспользоваться возможностью с помощью этой исполненной мощи книги отправить к тебе послание. Таким образом, энергия Люцифера сможет пробиться к тебе в том виде, в котором я буду в состоянии продемонстрировать людям в ином свете и мою личность, и мое существование. Почувствуй силу и любовь, проникающие в тебя в эти мгновения.

Я был волен в решении направить тебе мое послание — точно так же, как когда-то я был волен принять решение, соединяющее наш взаимный опыт общения друг с другом в течение продолжительного времени. Я решился направить мое послание через настоящую книгу, прекрасно зная, какое предвзятое мнение у людей сложилось в отношении моего имени. С помощью этого послания, обращенного к людям, я хочу добиться того, чтобы в человеческих сердцах смог воцариться мир, когда они услышат мое имя.

Прошу тебя до того, как ты продолжишь чтение послания ангела Люцифера, откажись от моего отрицательного образа, уже сложившегося в твоем сознании, и откройся сердцем моей сильной, исполненной мощи — энергии любви. Мне прекрасно известно, какое значение отводят мне люди и какую реакцию вызывает у многих произнесение моего имени. Тем более я счастлив опровергнуть сложившееся мнение о Люцифере, которое накопилось в головах людей на протяжении столетий и тысячелетий. Вот почему я также прошу тебя: разреши моим словам и любви проникнуть в твою душу. Не бойся меня — тебе это ни к чему.

Мы стоим на пороге глобальных энергетических преобразований, которые изменят все, что существует в пределах дуальности. Будет положено начало великим общественным и космическим переменам, которые произойдут в самом недалеком будущем. В результате данных преобразований изменится и точка зрения людей на ангела Люцифера. Поскольку эти перемены столь недалеки от вас, я, ангел Люцифер, хочу говорить с вами. Ведь путь каждого отдельно взятого человека неразрывно связан с моим путем на Земле.

Вам часто доставляли послания о том, что вы явились на Землю помочь Леди Гайя вернуть ее обратно на маг-

нетическую орбиту светового поля, в пределах которой она когда-то находилась. Вы пришли, чтобы принести на планету вашу любовь и даровать ее Леди Гайя.

Это совершенно верно, и я склоняюсь пред тем, что вы совершили. Я склоняюсь пред каждым из вас. Но как же редко упоминалось, что ты в том числе проживал на Земле каждую новую свою инкарнацию ради возвращения домой меня, ангела Люцифера. Да, ты все прочитал совершенно правильно: ты пришел дать мне возможность вернуться домой. Вот почему моя любовь и мое уважение к тебе столь безмерно глубоки. Я хотел бы поблагодарить тебя за то, что ты совершил, за то, что ты был готов сделать для меня. Я склоняюсь пред тобой — Ан Анаша.

Ваша помощь мне, ангелу Люциферу, неразрывно связана с вознесением и помощью Леди Гайя. И поскольку ты из глубин своего божественного сознания оказываешь мне, ангелу Люциферу, свою поддержку, я прошу тебя примириться со мной и твоим человеческим сознанием.

Для меня является честью и в то же время потребностью нести свет в те сферы, что тысячелетиями пребывали во тьме. И я еще раз прошу тебя — не бойся любви Люцифера. Позволь себе отрешиться от всех приговоров, всех подозрений, всех страхов, сложившихся в тебе в связи с моим именем. Настанет день, когда ты все поймешь, и пелена спадет с твоих глаз, — мы обнимем друг друга со слезами на глазах, и это станет очень трогательным моментом для нас. Так будет, и я уже сейчас заранее радуюсь, предвкушая эти трогательные мгновения.

Истина заключается в том, что с каждой новой инкарнацией, пережитой тобой на Земле, ты вносил вклад в повышение вибраций энергетических структур на планете, таким образом помогая и Леди Гайя, и мне. Я знаю, что значит для людей приближение к настоящей теме, я знаю, что творится со многими из вас, кто читает сейчас данное послание. Это очень волнующая тема, так как сложившееся обо мне мнение в целом ряде религиозных направлений порождает в тебе недоброжелательные чувства.

Я же отношусь к вам с величайшим уважением, которое одна Световая Сущность способна испытывать к другой Световой Сущности. А поэтому я приближаюсь к данной теме с большой осторожностью и маленькими шажками.

Я, ангел Люцифер, предоставляю тебе свободу в восприятии моей любви, моей безграничной любви, моем почитании и моем уважении к тебе. Если ты мне позволишь, я наполню тебя энергией высшей любви и, пока это происходит, продолжу передавать тебе мое послание.

Я точно такая же Световая Сущность, как и ты сам. Нет во Вселенной ничего, что не было бы божественно. В восприятии божественности существуют две различные группы Световых Сущностей. Первая из них, это, к примеру, те Световые Сущности, которые находятся в действительной реальности, они всегда осознавали свою божественность, а вторая группа, например люди, позабыли о том, кем они являются на самом деле. Однако у всех у них божественное происхождение.

Любая Световая Сущность, сознает она это или же нет, содействует тому, чтобы божественные мысли, энергия любви передавались далее во все области Вселенной. Так возникают изменения, и эти изменения — источник познания. Таким же образом мы способствуем тому, что происходят преобразования в тех областях, где мы пребываем в настоящее время, — на планете Земля. Благодаря подобным переменам запускается в ход процесс обучения, результатом которого является обретение опыта, ранее даже непредсказуемого.

Конечно, наш вклад совершенно разновелик, но мы оба служим божественному. Меня называют падшим ангелом, но в моем падении суть моего служения божественному. И я хочу спросить тебя: «Если меня называют ангелом, то почему тогда мне нужна твоя помощь?» В каждом существе, как я уже упоминал, заложено божественное начало. В тебе точно так же, как и во мне. Мы оба способствуем тому, чтобы Вселенная могла меняться.

Позволь же мне наполнить тебя моей силой и вознести в твоем Свете. Если возможно, попытайся духовно примириться с моим существованием, потому что, если это произойдет, может поменяться коллективное отношение ко мне, что, в свою очередь, повлечет энергетические изменения на Земле. Не бойся меня — почувствуй мою любовь. (Сделай небольшую паузу.)

Вот это и произошло — я передал тебе мое послание и любовь. Пусть мои слова помогут переменить коллективное отношение к моему существованию и принести мир в сердца людей.

Я благодарю медиума за то, что он, несмотря на сопротивление внешнего мира, оказался готовым записать мое послание. С помощью энергии, которая трансформировалась многими первопроходцами Света, это стало возможным. Ведь энергия не утрачивается — она способна лишь изменяться, а именно такое как раз и происходит сейчас.

Вспомни, зачем ты пришел на Землю, и поймешь суть послания ангела Люцифера.

Я благодарю тебя за твое мужество и склоняюсь пред Светом, который заложен в нас.

Ангел Люцифер

Арти

Омар Та Сатт, мои возлюбленные друзья. Я — Арти, арктурианец, и я рад, что смогу направить тебе мою любовь, содержащую арктктурианскую энергию. Я живу на планете Арктурус, которая находится в непосредственной близости от вашей планеты Земля.

Уже долгое время мы наблюдаем за событиями и серьезными изменениями на Земле. Несколько лет назад тысячи арктурианцев отправились на Землю помочь вам во время предстоящей смены энергий. Я хотел бы избежать разговора об измерениях и их классификации, а поэтому буду говорить о смене энергий. В действительности совершенно неважно, из какого измерения вы переходите в другое. Намного важнее открыться сердцем уже имевшим место и предстоящим еще изменениям на Земле. И поскольку мы, арктурианцы, поддерживаем преобразования на Земле и отчасти начинаем их, я постараюсь как можно больше рассказать тебе об этом.

Прежде чем ты продолжишь чтение моего послания, я хочу сказать тебе, что любая арктурианская сущность знает об изменениях на Земле, что мы со всей нашей любовью рядом с вами. Мы испытываем столь огромную любовь к каждому из вас, что я даже не могу выразить ее человеческими словами.

Мы, арктурианцы, тоже пережили смену энергий на нашей планете, а поэтому знаем, что творится в вас самих и как чувствуют себя многие из вас. Именно время подготовки со значительным увеличением энергии, с подгонкой и адаптацией непросто пережить вашей физической оболочке. Почувствуй же любовь Арти, почувствуй арктурианскую энергию, исполненную мощи и любви. Я окружу тебя со всех сторон этой энергией и удержу в ней до тех пор, пока ты будешь читать мое послание.

Мы, арктурианцы, очень высокоразвитые существа во всем, что касается энергии. На нашей планете расположены учреждения культуры, а также педагогические институты. И если ты спросишь, чему можно научиться или научить во Вселенной, я скажу тебе: «Многому». Обучение ведется по темам, схожим с вашими, только адаптированным к нашей энергетической плоскости. Под этим я подразумеваю следующее.

Мы тоже занимаемся темой исцелений — только иначе, чем это делаете вы в пределах дуальности. Мы обучаем целительским практикам в том виде, в котором они могут использоваться на высших плоскостях Света, например, со световыми кристаллами и световыми образцами. Мы изучаем возможности развития кораблей Света и их конструкций. Мы экспериментируем со звуками и их эффектом. Как видишь, и у вас, и у нас огромное количество совпадающих областей науки, вот только содержание их адаптировано к нашей и вашей плоскостям энергии, а поэтому различно. Так, наши учреждения культуры занимаются прослушиванием звуков с помощью музыки.

Как арктурианец, должен сказать тебе, что для нас кажется маленьким чудом то, что ваши летающие объекты, именуемые самолетами, способны к передвижению в воздухе. Такой конгломерат сложных, тесно взаимосвязанных технических процессов, взаимно влияющих друг на друга таким образом, что в случае ошибки у прибора не будет возможности взлететь. И они работают! Наше почтение. Мы уже сейчас радуемся тому времени, когда сможем ознакомить вас с техническими возможностями полета или скольжения, как мы это называем.

Но я хотел бы как можно больше рассказать тебе о том, что именно двигало нами, арктурианцами, когда несколько лет назад мы пришли к вам на Землю поддержать великие космические преобразования. Конечно, мы знали о вас, людях, и вашем общем развитии. Мы же соседи по Вселенной. На корабле Света Аштара Шерана арктурианцы, получив специальное обучение и информацию, прибыли на Землю и многочисленными группами приземлились в разных областях.

Арктурианцы, оказавшиеся на Земле, имеют физическую оболочку и, соответственно, человеческий облик — внешне они ничем не отличаются от вас, людей. В душе же они полностью осознают свое происхождение и причину их пребывания на вашей планете. В использовании своих божественных способностей у них нет никаких ограничений, потому что это было бы непродуктивно для исполнения их предназначения, ради которого они и прибыли к вам.

Мы поддерживали и поддерживаем с арктурианцами, оставшимися на Земле, телепатический контакт, а над многими городами на Земле находятся корабли Света. Таким образом, мы получили первые впечатления, и о тех, что оказались самыми волнующими, я как раз и хотел бы рассказать сейчас вам.

Группа арктурианцев отправилась в одну из ваших многочисленных больниц, чтобы получить представление о методах лечения. И для нас, не присутствовавших в том месте лично, это было очень волнующе и трогательно — мы узнали о царящих там эмоциях.

Арктурианцы видели надежду, ожидание и желания, связываемые людьми с возможностями медицины, а также увидели страдания, боль, отчасти бессилие и печаль, поселившиеся в сердцах больных, их родных и работавших там людей. Но самым волнующим было осознание, что болезнь может существовать только тогда, когда страдающее из-за нее существо не осознает своего божественного происхождения.

Каждый человек когда-то добровольно забыл свое божественное происхождение ради того, чтобы отправиться в дуальность и оказывать помощь своей любовью. Это твоя любовь позволила тебе позабыть, что ты божественен, чтобы ты смог помогать на Земле. Благодаря подобному забвению в пределах дуальности могло развиваться нечто, что вы называете болезнями. И вот теперь мы видим, что ты сосредоточился на себе и какая боль родилась в результате забвения в сердцах людей. Мы не могли вмешиваться ни в один из процессов, даже если бы захотели.

Вероятно, сейчас ты сможешь понять, почему каждая Световая Сущность Вселенной склоняется пред тобой и славит твое имя. Мы знаем, что ты совершил, и мы знаем о твоей божественной сущности.

В нашу задачу входит многое, и мы убрали многочисленную энергетическую шелуху вокруг вашей планеты, ограничивавшую возможности Земли в течение многих лет. В результате у вас появились новые перспективы.

Мы очень тесно сотрудничаем с Крайоном, потому что выравнивание и подгонка вашего энергетического тела продолжаются. Многие арктурианцы вновь покинут вашу Землю, как только исполнят свое предназначение. Некоторые из нас останутся у вас, и когда произойдет смена энергий, они дадут знать о себе и будут оказывать вам своими познаниями и любовью огромную поддержку.

Я, Арти, передал вам мое послание, а арктурианская энергия любви запечатлена в каждой из моих букв. Почувствуй еще раз любовь Арти, почувствуй, как она несет и хранит тебя. Я склоняюсь пред тобой и твоим мужеством, твоей любовью, готовностью позабыть и принять на себя многие лишения, чтобы помочь планете Земля и другим Световым Сущностям.

Ты — великолепен и вновь осознаешь свое великолепие и божественность. Все арктурианцы на Земле посылают тебе, от Световой Сущности к Световой Сущности, из глубин своего сердца.

Ан Анаша.

Мы — с вами.

Арти

Адонай Аштар Шеран

К тебе обращается Адонай Аштар Шеран, командующий объединенным флотом Света, хранитель Вселенной и Посол Мира во всех галактиках. Я хотел бы поговорить с тобой о Вселенной в бесконечных трансформациях поля божественных мыслей, о том Новом, что в ближайшее время станет реальностью твоих мыслей, твоего сердца и твоего духа.

И как обычно, когда с тобой говорит Существо Света, к тебе одновременно с самых разных плоскостей устремляется информация и любовь. А потому и я, Адонай Аштар Шеран, направляю к тебе волны любви и волны мира. Я посылаю эти волны в вашу Вселенную, которую вы, люди, называете своим домом. И пока ты продолжаешь чтение, волны любви будут вибрировать во всех твоих оболочках и расширяться далее.

Вы знаете вашу Вселенную со всеми окружающими вас планетами, даже если еще и не обнаружили все планеты, которые окружают вас. Вселенная, в которой находится Земля, является самой молодой изо всех, что движутся в божественном поле. В отличие от нее магнитическая

Вселенная, в которой была создана исполненная любви Сущность Крайон, является старейшей Вселенной, пребывающей в бесконечной трансформации.

Что означает понятие «Вселенная», что в нем заключено и когда следует говорить о Вселенной? По этому поводу я хотел бы дать более подробную информацию.

С точки зрения духовного мира Вселенная означает находящееся в трансформации и познании энергетическое поле с магнетическим поясом в пределах бесконечного космического пространства. Если привнести определенные божественные качества в данное поле (создание особых закономерностей), при господствующих там условиях может развиваться божественная любовь.

Существует огромное количество Вселенных, и в любом поле Вселенной появляются разные условия, при которых может развиваться любовь Господа в соответствии именно с этими условиями и законами, то есть все в существующей Вселенной развивается по определенным законам.

Часто бывает так, что различные состояния расширения любви в пределах Вселенной наслаиваются друг на друга или же тесно взаимодействуют друг с другом и влияют либо односторонне, либо же взаимно друг на друга. Так, например, произошло с реальной действительностью и дуальностью. Реальная действительность с ее высшими колебаниями начинает вибрировать в дуальности и менять ее. И даже если обе эти сферы сливаются друг с другом, вибрации дуальности все равно никогда не смогут повлиять или изменить вибрации реальной действительности.

Изменения всегда обращены из мест высших колебаний к местам более низких частот вибраций. Место низких частот вибраций возносится в Свет, и все находящееся там возносится в своих функциях и степени воздействия на законы, существующие в высших плоскостях сознания. Так что все в вашей Вселенной развивалось по предусмотренным там условиям. Одно из многих явлений вашей Вселенной — дуальность, которая способна развиваться только в вашей Вселенной. В вашем поле существует один ритм энергии, и когда данная энергия претерпит определенное расширение, дуальность исчезнет, и поле Леди Гайя и людей получит другую трансформацию энергии и, следовательно, новые законы.

Это — ход времени и это — точка, в которой вы сейчас находитесь. Это условие — достичь определенных вибраций в пределах вашей Вселенной — теперь исполняется людьми. Поэтому ты здесь.

Вибрации, о которых я говорю, как будто могло быть иначе, — это любовь. Чем больше любви ты испытываешь в своей душе, тем больше этой любви сможет сохраниться во внешнем мире и вознести энергетическое поле Леди Гайя.

Как же произойдет вознесение к Свету в месте с низкими по частотам вибрациями? Аштар Шеран хотел бы ответить тебе следующее.

Целый ряд людей замечал, что в настоящее время многое проходит в полной противоположности с действующим у вас законам. Кажется, что ничто более не действует так, как обычно. Кажется, что все во внешнем мире готово в любой момент рухнуть, многие люди опасаются за свои рабочие места, свое будущее, поскольку гибнет питавшая их система. Это очень пугающее для некоторых людей время. Но те из вас, которые открылись в душе Новому Времени, знают, что системы и структуры, действующие не по законам любви, а развивающиеся лишь с помощью коррупции, алчности, безответственности, обогащения, эксплуатации, взяток, должны рухнуть, чтобы смогло родиться нечто Новое.

Так, падение старых систем является символом того, что высшие вибрации реальной действительности уже торжественно вступили в дело. Структуры дуалистической власти смягчатся Светом и Любовью. Иного пути более не существует.

Это — ваш путь вознесения, это — твое вознесение, это — вознесение каждого отдельно взятого человека, и каждый сам решает для себя лично, как он хочет отправиться в данное вознесение. Он сам решает, какие он хочет увидеть изменения из тех, что происходят на Земле. А потому я хочу сказать тебе еще раз: «Много нового надвигается на тебя, потому что меняются известные тебе законы. Будь готов принять Новое, будь готов позволить Новому проникнуть в твое сердце, даже если твой разум и сопротивляется этому».

И я спрашиваю физиков и астрономов: это ли не странность, ваша Вселенная? Это ли не странно, что Вселенная трансформируется, хотя такого не должно бы происходить, если исходить из сложившегося на сегодняшний момент уровня ваших научных знаний? Какой ответ вы дадите на данные вопросы и как объясните подобный феномен? Возможно, чудом?

Аштар Шеран хочет сказать вам следующее. Постарайтесь в изучении данного феномена все больше опираться на магнетическую энергию. Постарайтесь все больше связывать магнетическую энергию с исследованиями Вселенной. Изучайте, как меняется планета под воздействием магнетической энергии. Даже при исследовании феномена Большого взрыва вы придете к поразительным результатам, если будете исследовать его по только что названным условиям.

Однако при любых объяснениях главное — чувствовать любовь в сердцах. Потому что это — путь людей. С помощью своих мыслей вы станете все больше и больше выходить из своего тела и отправляться прямо в свое сердце. В вашем сердце хранятся ответы на многие вопросы. А для тех из вас, кто с трудом может представить, как могут храниться в сердце какие-либо ответы, я скажу: «Твое сердце является энергетическим полем в пределах бесконечного поля Божественных мыслей. Это — Вселенная Бога, которую ты носишь в себе и в которой есть все, что тебе необходимо».

Вы сердцем начнете понимать все существующее. Вы сердцем почувствуете ситуации, и все будет происходить совершенно естественно. Тебе ничего не нужно делать для этого — тебе не нужно напрягаться, совершать над собой какие-либо усилия. Если хочешь знать, максимальное напряжение будет заключаться в *следующем: просто позволь своему сердцу объяснить тебе все, чего ты ждал так долго. Старайся в любой момент почувствовать происходящее в тебе пробуждение. Осознай существующую в тебе силу.*

Нам известно, в какое непростое время перехода и перемен вы находитесь. Единственное, что ты можешь сделать, — почувствовать покой, тишину и мир в своем сердце. Сосредоточься на своей душе, потому что любая драма ограждает тебя от себя самого, ограждает тебя от Источника в тебе. А ведь туда ты как раз и хотел бы попасть. Все искания твоей жизни — это поиск Источника в себе. Почувствуй любовь, почувствуй любовь Адоная Аштара Шерана. Я так близко от тебя… Я — рядом с тобой… Не бойся. Доверься, доверься.

Даже если ты сейчас остался без работы или утратил нечто, что казалось тебе важным, никогда не теряй веры. Потому что благодаря доверию в тебе возрастает сила Господа. С помощью этой силы ты пойдешь светлым путем любви с высоко поднятой головой. Разреши произойти в тебе чуду, и тогда ты увидишь чудеса на Земле.

Пребудь же в мире, пребудь в мире.

А теперь Адонай Аштар Шеран прощается с тобой, и вновь вибрации любви сохранятся благодаря данной книге и будут доставлены к вам.

Стань любовью, которой ты и являешься.

Я всегда рядом с тобой.

Адонай Аштар Шеран

Шакти

Я — божественная энергия Шакти. Точно так же, как энергия Шакти передвигается в эти мгновения по Вселенной, передвигается она и через то, что существует в твоем воображении. С помощью моей энергии, в которой заключена вся моя любовь, в эти мгновения я достигаю тебя и обращаюсь к тебе словами «Омар Та Сатт».

В самом начале моего послания постарайся убрать иллюзию, которую вы называете временем, и тогда у меня появится возможность разлиться по тебе любовью.

Шакти — это реальность, и когда все вокруг тебя рушится, когда ты потерял все, что тебе казалось важным в твоей жизни, Шакти всегда будет рядом с тобой, ибо я — реальность, а следовательно — вечна.

Существует время или нет, предопределен ли тебе этот путь или нет, встретишь ли ты своего духовного партнера или нет — все эти вопросы покажутся неважными, когда реальность проникнет в тебя. Когда реальность проникнет в тебя, исчезнут иллюзии, а вместе с ними все те вопросы, которые только могли когда-либо возникнуть, тогда рассеется пелена забвения, скрывавшая от тебя Шакти. Почувствуй мою любовь, ощути мою силу.

Энергия Шакти даст тебе женское начало, интуитивное, а вместе с ним силу и ясность. С помощью любви я открою твое сердце, насколько ты разрешишь мне сделать это, и я понесу тебя. Таким образом, в тебе родятся ясность и осознание того, чем ты являешься в действительности. Твоя божественная интуиция будет крепнуть все больше, так что мудрость твоего духа поведет тебя все глубже и глубже.

Шакти хочет сказать тебе, что твой человеческий путь в дуальности приближается к концу. Ты пойдешь новой дорогой. Ты пойдешь новой дорогой уже не как человек, которым являешься, а как божественный пробужденный человек на Земле. Ты узнаешь и поймешь, что ты такое, ты очнешься от своего продолжительного сна, своих сновидений и своих иллюзий. Ты увидишь себя таким, каким тебя всегда видели Шакти и любая Световая Сущность, каким они тебя всегда видят и всегда будут видеть — как Высший Свет, а следовательно, отражение Бога.

Добро пожаловать домой, ты — мужественный Свет Вселенной.

Однако чтобы все могло произойти в тебе, следует активировать различные энергии. Необходимой для этого энергетической формой является энергия Шакти — женская энергия, заложенная в тебе.

В любой Световой Сущности заложена энергия Шакти, а кроме нее предусмотрена и мужская энергия. Но

Световые Сущности, пребывающие на Высших плоскостях Света, настолько сильно соединили и сбалансировали обе энергии друг с другом, что их не различить, они стали представлять собой единое целое. Они образуют бытие. И это всего лишь две энергии из многих, заложенных в Существо Света и определяющих его существование точно так же, как и твое.

Мы не подразделяемся на мужское и женское, оба эти качества представляют единое целое. И поскольку у нас не существует дуальности, и поэтому мы неполярные, то нельзя сказать, что то или иное Существо Света является мужским или женским. Это — совершенное бытие любви, совершенное бытие Сияния.

Каждое существо способно отлично активировать ту или иную энергию, и тогда проявятся содержащиеся в них атрибуты. В тебе тоже будут балансировать все энергии, включая объединенные мужскую и женскую энергии, что позволит тебе познать твое божественное существование. И тогда ты перестанешь различать полярное, а начнешь наблюдать обе части как единое целое.

Почувствуй любовь, почувствуй силу Шакти. Как и каждая Световая Сущность, беседовавшая с тобой со страниц данной книги, я тоже несу тебе мою любовь. За каждой буквой таится моя любовь и проникает глубоко в твою душу. Твоя душа принимает в себя мою энергию и в конечном итоге донесет ее до тебя, когда придет для этого время.

Моя любовь и моя благодарность выражены в моих словах, потому что я знаю, кто ты такой на самом деле и что ты взял на себя, чтобы пройти человеческий путь на Земле. Поэтому я и говорю с тобой.

Речь идет о любви, непередаваемой человеческими словами. Поэтому я вновь и вновь прошу тебя чувствовать, поскольку речь идет о любви, проникающей в твою душу в той форме, в какой это никогда не удавалось сделать какому-либо человеческому слову.

Настанут времена, а они уже не за горами, когда люди начнут все больше и больше отказываться жить головой, а станут уходить в сердце и проложат свой новый путь в виде божественного пробужденного человека на пробужденной Земле. Все больше людей осознают, насколько тяжело удается выполнять обычную работу только с помощью мозгов. Они начнут быстрее уставать, быстрее выматываться и вместе с тем почувствуют, что чем больше они разрешают своему сердцу руководить ими, тем гармоничнее становится их путь на Земле.

Ритм твоего опыта в качестве человека вскоре подойдет к концу. И я хочу как можно отчетливей и конкретней рассказать об этом, чтобы не возникло ни малейшего непонимания моего послания. Ты будешь и далее жить на планете Земля, только уже не как человек, которым ты был, а как божественный пробудившийся человек, полностью осознающий свое происхождение и свое бытие. Ты переживешь свое космическое рождение в физическом теле, и это рождение избавит тебя от всех пут дуальности. Ты будешь жить на Земле как пример воплощения Высшего Света Вселенной.

Космический пример стать Божественным пробужденным человеком — это необходимо для твоей жизни на Земле. Шакти также хочет сказать тебе, не бойся происходящих изменений. Не бойся Нового — даже если оно врывается в твою жизнь в это время очень интенсивно. Даже если ты многое потеряешь, никогда не теряй веры. Не теряй ее никогда.

Закрой на мгновение глаза, и Шакти вольет прямо в твою душу — свою силу и свою любовь. Дай прикоснуться к тебе — я понесу тебя.

Вероятно, ты уже заметил, что я направила тебе не очень большое послание, но именно так и было задумано. В мои задачи входило проникнуть в твою душу любовью, душой и моим существованием — что и произошло. Ведь чтобы проникнуть в твое сердце и твою душу, не нужны слова. Наоборот. Очень часто человеческие слова мешают прикоснуться к тебе. Вот почему я с помощью самого малого числа человеческих слов обратила твое внимание на мою энергию и передала тебе мою исполненную мощи силу.

Таким образом, то, что хотела Шакти дать тебе с помощью данной книги, свершилось. Ты получил дар Шакти, и теперь я прощаюсь с тобой.

Я и далее пойду своей дорогой, как божественная Сущность, — точно так же, как ты продолжишь свой путь как человек, чтобы в будущем проложить себе новую дорогу в качестве Божественного пробужденного человека на Земле. Я с радостью жду тот момент, когда начнется для тебя новое время, и хочу сказать тебе: «Я с моей любовью и моим вниманием пребуду рядом с тобой на протяжении всего пути».

Ан Анаша.
Шакти

Ларена — богиня из залов Шамбалы

Я — Ларена, я — божественный Свет происхождением с Венеры, в это мгновение обращаюсь к тебе из залов Шамбалы. Я приветствую тебя и склоняюсь пред тобой, ты — божественный человек.

Соединенные с моей любовью, льются мои слезы радости в связи с нашей новой встречей с тобой. Я знаю, кто ты такой на самом деле, — я узнаю тебя по твоим свету и цвету, заложенным в тебе. Как человеку, тебе, по всей видимости, непросто представить, что мы способны отличать и узнавать каждое человеческое существо по его цвету и его энергии, но это именно так. Ты — такой, какой ты и есть, какой является твоя душа; ты, вернее, все вы — неповторимы.

Благодаря твоему многостороннему опыту, приобретенному на Земле и на других планетах, ты овладел способностями, тебе даны разные цветовые лучи, совершенно особенный канал в твоем световом теле — все это делает тебя неповторимейшим существом во Вселенной.

Несмотря на эту неповторимость, все взаимосвязано друг с другом и не может существовать отдельно от Источника, который вы в вашей человечности именуете Богом, Аллахом, Буддой или Шивой и поклоняетесь им.

Я, Ларена, тоже являюсь богиней, и я действую в залах Шамбалы. Суть моих деяний заключается в создании совершенно определенных звуков, с помощью которых воспеваются многие из сотворенных Световых Сущностей во Вселенной и соединяются в залах Шамбалы. Эта связь открывает в каждой душе доступ к Источнику, из которого все и произошло на свете. И сейчас я направляю к тебе любовь Шамбалы вместе с сотворенными мной звуками. Эти звуки начинают расширяться в тебе и распространяться по всем твоим телам. Ты почувствуешь в своей энергии необычайную красоту.

Вероятно, о данных вибрациях многим известно. Причина в том, что каждый из вас был в залах Шамбалы. Ты знаешь эти вибрации и эту любовь. Глубоко внутри себя ты также знаешь меня, Ларену. Ты всего лишь позабыл об этом. Ты столь многое забыл.

Я знаю, что забыто тобой, потому что там, где действую я, ты вновь сольешься с теми частичками, которые не осознаются, не воспринимаются тобой, как человеком. Ведь в залах Шамбалы мы возвращаем тебе, после того как завершится твое земное существование, воспоминания о том, что позабыто тобою в человеческом обличье. И я, Ларена, прошу тебя понять это сердцем. Ты вновь осознаешь свое совершенство, от которого прежде готов был отказаться. Это про-

цесс, который как раз и происходит в залах Шамбалы. Когда я говорю, что мы возвращаем воспоминания о том, кто ты такой на самом деле, я хочу подчеркнуть, что не мы забирали у тебя знание об этом. Это был необходимый для тебя процесс познания дуальности в качестве человека.

Вероятно, для некоторых людей все это необычно, либо они задаются вопросом, как возможно такое, что существо, не имеющее плоти и крови и не обитающее на Земле, способно говорить через людей. Многие даже сомневаются в том, что может существовать нечто вне пределов того, что известно им самим. Я хотела бы сказать тебе: «Это знание, недоступное силе твоего воображения и не заложенное в тебя — человека, будет возвращено тебе в залах Шамбалы».

Сейчас, когда ты читаешь мое послание, я соединяю тебя с энергией Шамбалы, ты можешь почувствовать своим сердцем подобное знание. (Просто откройся новым знаниям, которые, возможно, начинают проникать в тебя.) Кому-то из вас, может быть, станет несколько не по себе, поскольку в этих словах скрываются высокочастотные вибрации любви и истины, необходимые, чтобы вознести тебя в твоем Свете.

Я, Ларена, еще никогда не инкарнировалась на вашей планете в образе человека. Несмотря на это, я знаю каждый Свет на Земле и знаю о прежних, постигших вас, и грядущих переменах, которые еще только ожидают вас. Можешь ли ты представить, что существуют души, которые были созданы единственно и только лишь для того, чтобы отдаться служению на Земле? Чтобы отправиться на Землю со своими особы-

ми способностями, чтобы поддерживать тот процесс, в котором сейчас живут люди? Это — истина.

Жизнь, бытие души мы рассматриваем несколько иначе, чем вы рассматриваете жизнь человека. В душе всегда предусмотрен импульс служения божественному — это и есть основная сущность души, созданной во Вселенной. Однако в течение своей истории люди отрешились от своего божественного происхождения, и довольно часто в жизни они преследуют другие цели, руководствуются другими мотивами, чтобы придать смысл своему существованию.

Я нечасто беседую с помощью медиума, и мне непросто подбирать подходящие человеческие слова для моего послания, которое я хочу передать вам. Но я бесконечно рада, что у меня появилась такая возможность донести до тебя вибрации Шамбалы и дать тебе почувствовать возвышающую тебя любовь.

Накануне передачи при помощи медиума послания я беседовала с другими Световыми Сущностями, которые занимаются такой передачей намного чаще меня. И я спрашивала их, что следует мне учитывать, когда я начну передавать послание. Они сказали мне: «Говори просто, не слишком сложно, но и не слишком упрощая, с долей юмора, однако шуток тоже не должно быть слишком много, и попытайся в своем послании напрямую обращаться к читателю. Также подчеркивай то, что речь идет о глобальной, всеобъемлющей теме».

Я надеюсь, что у меня получилось прислушаться к их добрым советам, и я, несмотря на общие формулировки послания, смогла лично и индивидуально проникнуть в твое сердце. Если это мне удалось, значит, мое предназначение служить божественному выполнено.

Моя любовь к вам, людям, глубока безмерно. Если бы мне разрешили хотя бы на мгновение показать тебе, сколь удивительным и совершенным существом ты являешься на самом деле, я бы все отдала за это.

Вибрации Шамбалы были переданы тебе, и я смогла что-то затронуть в тебе, чтобы в будущем ты с большей легкостью смог почувствовать, каким удивительным существом ты являешься.

Настал момент, когда мне придется попрощаться с тобой. Пока ты читал мое послание, я находилась рядом с тобой. И далее я также буду рядом — потому что, даже если ты и осознаёшь себя всего лишь человеком, между нами нет никакого разделения.

Я склоняюсь пред тобой и прощаюсь словами:

«Ан Анаша».

Я — Ларена

Будда

Приветствую тебя с глубокой любовью и глубочайшими чувствами, которые испытывает по отношению к вам, людям, любая Световая Сущность во Вселенной. Я приветствую тебя словами «Омар Та Сатт» и протягиваю мои космические руки к твоему сердцу.

Я — Будда. Я есть любовь, и я — сочувствие, я — Посол, я — твой друг и твой проводник.

Я так рад, что могу передать тебе мое послание, ибо сам жил в человеческом обличье на Матери Земле и знаю, какие чувства и эмоции вы испытываете сейчас. Я хотел бы сказать тебе, что энергия, перетекающая из этой книги в мир, предназначена для того, чтобы быть доставленной вам именно в настоящее время. На то была своя причина, и точно так же есть причина, почему я, Будда, направляю мою энергию к читателям.

Я хотел бы соединиться с тобой и проникнуть как можно глубже в твою душу. Моя энергия медленно, но неуклонно начинает перетекать к тебе. (Разреши же произойти всему этому.)

Будда хочет поговорить с тобой об энергии легкости и передать ее тебе. Мы видим, что очень многим людям в настоящее время крайне тяжело увеличить свой энергетический потенциал и расширить свое сознание. Когда я, Будда, жил на планете, энергия была другой — тверже, плотнее, а воздействие дуальности намного сильней. Тогда человеку приходилось подчиняться строжайшей дисциплине, если он стремился пробиться к самому себе сквозь эту толщу и найти свою душу. Я не хотел бы останавливаться здесь на моей собственной истории, по большей части она известна вам, скажу лишь, что медитации тогда были очень сильным оружием обретения самого себя.

Во все времена знания техник и практик передавались из поколения в поколение, чтобы люди могли расти в своих вибрациях и расширять уровень своего сознания. Однако при этом зачастую не принимались во внимание меняющиеся вибрации на Земле.

Так учили и все еще продолжают обучать практикам, техникам или руководствам, как действовать в той или иной ситуации, когда на поверхность выносится при определенных колебаниях то, что когда-то находилось в глубине Матери Земли. Эти практики и техники были полезны и поддерживали человека в тогдашних вибрациях, но в нынешних колебаниях они нередко действуют прямо противоположным образом — они мешают вам!

В прошлом в вашей истории многое достигалось с большим трудом, результативность была, только когда прикладывались неимоверные усилия в условиях строжайшей дисциплины. Но энергия на Земле и вибрации каждого человека изменились настолько сильно, что теперь всего можно добиться намного легче и быстрее. А потому проверяй сердцем, совпадает ли то, что ты делаешь в своей обыденной жизни для своего пробуждения или поддержки других людей, с вибрациями данного времени. Обрати внимание, не используешь ли ты уже давно «заржавевший» инструмент.

Очень часто говорили тебе, что Вселенная и любовь — просты, и это — правда. Всё очень просто. Я знаю, что в пределах дуальности ты не можешь такое осознать, вот почему я несу тебе данное послание.

Разреши моей энергии нести тебя и вознести в твоей любви. Позволь сказать тебе, что ты, с нашей точки зрения, ничему не дающей оценку, выглядишь прекрасным существом. В тебе заложена любовь Вселенной. Ты и есть Вселенная на Земле, и в тебе заключена вся та красота, которую, как ты сам полагаешь, можно увидеть только у ангелов.

Почему я говорю тебе это? Очень часто мы видим, что вы, люди, взираете на ангелов и восхищаетесь их красотой и благородством. Нередко вам хочется быть такими же, как ангелы, — вы представляете, что сделали бы все от вас зависящее, если бы были ангелами. Будда хочет сказать тебе: «Ты и есть ангел, ангел, который был готов принять человеческое обличье и отправиться на Землю». И точно так же, как ты почитаешь ангелов и восторгаешься их красотой, ангелы во Вселенной восхищаются тобой на Земле.

Мы восхищаемся твоим мужеством и твоей красотой. Потому что ты — прекрасен. Красота, которую ты несешь в себе, может быть увидена другим человеком только тогда, когда он будет готов отправиться в глубины своей сущности. Если он готов к этому, он разглядит и свою собственную красоту и, соответственно, увидит красоту, что окружает его повсюду. Иначе будет видна лишь твоя внешняя, крайне изменчивая красота, и, как это принято в пределах дуальности, она и будет подвергаться оценке.

В мое предназначение на Земле входило принести на планету энергию, необходимую для разрушения старых структур и дарования людям возможности более легкого пробуждения. Конечно, на Земле необходимо еще много, очень много перемен, но семя было брошено. Потребовались самые разные вибрации, чтобы начался процесс пробуждения. Многие из этих вибраций были перенесены к вам из других Вселенных. Воплощаемые мною вибрации тоже произошли не в вашей Вселенной, а были перенесены к вам. Я происхожу из Вселенной, носящей мое имя.

Позволь же с помощью моей энергии вести тебя все глубже и глубже к твоей божественности. Твое божественное начало пред тобой и вокруг тебя, ты и есть божественность. (Чувствуй, что происходит, чувствуй.)

Мне известно, многие из людей просто не в состоянии понять, что происходит в настоящий момент. Но тебе я хочу сказать: «Неважно, чувствуешь ты это или нет, — оно все равно происходит, и открывается для тебя дверь, возможно, что и очень своеобразно, но ты будешь в состоянии увидеть результаты нашей встречи».

Даже если в ближайшее время на тебя обрушится множество перемен, попытайся отнестись ко всему с легкостью. Помни о том, что Вселенная и любовь означают легкость.

А теперь я хотел бы закончить мое послание и сказать тебе, что для меня радость говорить с тобой. Я — твой друг, и я сопровождаю тебя на твоем пути. Разреши же себе стать легким в своей жизни и возрадуйся этой легкости. Разреши твоему сердцу и твоей душе смеяться — ибо тогда смеешься и ты.

В любви к тебе,

Будда

Сатья Саи Баба

Я — Свет, озаряющий Вселенную, я — элексир, питающий все во Вселенной вибрациями, я — всеобъемлющее божественное сознание, которое проявилось на Земле, чтобы каждому готовому к тому человеку дать помощь, наставление и поддержку на его пути. Я — дыхание, расходящееся по твоему телу, я — то, что невозможно постичь человеческим разумом. Я — Сатья Саи Баба.

В эти мгновения я окутываю тебя моей безграничной любовью, которую испытываю к тебе. Я приглашаю тебя разрешить любви воздействовать на тебя и в эту встречу открыться тому, что способно понять только твое сердце. Ибо речь идет о том, что сможет проникнуть в твое сердце и твою душу. Твое сердце и твоя душа открываются, так что ты в состоянии познать, что сможешь совершить все чудеса на Земле, о которых думаешь, что на них способны только ангелы.

Я, Саи Баба, с самого начала времен оберегал тебя — я сопровождал тебя, я нес тебя. Даже если тебе неизвестны мое имя и моя человеческая личность, я все равно знаю, кто ты такой. Я всегда был рядом с тобой. Почувствуй мою безграничную любовь, проникающую в тебя и столь многое открывающую в тебе в эти самые мгновения, дарящую тебе тепло, о котором ты так часто тосковал на своем человеческом пути.

Рано или поздно в вашей жизни наступает время, когда вы начинаете отдаляться от своих земных родителей. Это — вполне естественный процесс в пределах дуальности. Твои родители долгие годы были спутниками на твоем жизненном пути, они, как могли и насколько это было возможно, делились с тобой опытом, представлениями и системой ценностей.

А потом приходит время, когда люди начинают отдаляться от своих земных родителей. Они идут собственным путем, накапливая свой собственный опыт, и многие из них меняют ту систему ценностей, которую им дали родители. У них появляются новые взгляды на самые разные ситуации в их собственной жизни и на Земле. Таким образом, развитие и изменения на Земле могли продолжаться и дальше, шаг за шагом.

И поскольку я, Саи Баба, для многих из вас был отцом и матерью на Земле, мне хотелось бы сказать тебе сейчас: «Настало время встать на ноги и пойти собственным путем. Ибо все, что тебе необходимо для этого, уже есть в тебе. Мой путь на Земле, мое предназначение на Земле состояли в том, чтобы сделать более осознанным для тебя внутреннее знание о твоей божественности и помочь тебе жить этим знанием и нести его в твою реальность. Однако на Земле пришло время, когда мне придется отпустить тебя, и *тогда тебе придется отпустить меня. Ступай своим путем, потому что ты достаточно силен для того, чтобы сделать это».*

Сколь много людей на Земле почитают меня в такой форме, которая унизительна для них. Но я, Саи Баба, говорю тебе: «Возвысься и взгляни мне в глаза на равных. Потому что, если ты сделаешь это, я смогу увидеть, что ты понял мое послание, данное мною миру. Потому что все то, что ты можешь увидеть во мне, и то, что я привнес в твою реальность, я точно так же вижу в тебе. Я вижу в тебе божественное начало, и я вижу твою силу и твою любовь. Я вижу, что у тебя есть все, чтобы осуществить то, что я делал долгие годы».

Речь идет о любви. Речь идет только о любви. Любовь — самое главное благо, дарованное вам. Любовь — это все, что ты взял с собой, когда отправился на Землю. Ты пришел из Вселенной — ты пришел из твоего дома на Землю и родился человеком. И в свое путешествие ты взял с собой любовь. Но любовь, которую ты взял с собой, остается незримой для многих, ведь она не та вещь, которую можно выставить на всеобщее обозрение. Любовь — это вибрации, заложенные в тебя, вибрации, из которых ты состоишь и которыми освещаешься.

Заблуждения и иллюзии в пределах дуальности были превосходны. Так же уникально и разделение полушарий мозга человека — твои чувства, твои мысли и твой интеллект развивались по отдельности. Одно полушарие могло развиваться неограниченно, а второму было совершенно необязательно делать то же самое. Поэтому стало возможным, что по-разному развивались эмоции и разум.

Данное разделение в тебе лишь усиливало иллюзию того, что все познаваемое тобой существует в двойственности. Но я хочу сказать, что в настоящее время левое и правое полушария твоего мозга уже начали соединяться друг с другом. Таким образом, полярность постепенно прекращает существовать в твоих чувствах. И ты почувствуешь, что божественен. Потому что без полярности существует только единое.

В эти мгновения я направляю к тебе всю ту любовь, что испытываю к тебе. С передачей энергии данной любви связано и мое благословение. (Просто чувствуй то, что происходит.) Даже если тебе с трудом удается что-то почувствовать, просто уступи тому, что происходит вокруг в настоящий момент.

На этом я хотел бы закончить мое послание к тебе и сказать, что поток любви, льющийся к тебе из моего сердца, всегда останется неиссякаемым.

Я — не тот, на кого ты должен смотреть с восхищением или пред кем должен преклоняться. Я — твой друг, который взирает на равных в твои глаза и преклоняется пред тобой. И в этом преклонении я почитаю то, что связывает нас друг с другом, что является Светом во всех Вселенных и что дыханием разливается по всем Вселенным.

Я склоняюсь пред нами — ибо все Едино.

В любви,

Сатья Саи Баба

ИНФОРМАЦИЯ О НАМА БА ХАЛ И ЕГО РАБОТЕ

Для начала я хотел бы дать читателям представление о своей работе в целом и поведать о своем спиритуальном становлении и развитии.

Я родился в Магдебурге (ГДР), получил профессию помощника анестезиолога и проработал 10 лет в различных больницах Германии, в операционных и отделениях реанимации. Благодаря этому образованию я хорошо знаком со строением и функционированием человеческого тела.

После получения классического образования по курсам Рейки и магнитного излечения в 2000 году я прошел курс Светового питания, во время которого происходит полная перестройка организма: чтобы жить, ему требуется только Прана. В течение 18 месяцев я жил в соответствие с принципами Светового питания, потребляя только воду и соки.

Таким образом, я продемонстрировал своему сознанию, что такое возможно, чтобы впоследствии ему было легче воспринимать те вещи, которые невозможно объяснить с научной точки зрения. Моему сознанию стало доступно следующее: если возможно то, что человеку, чтобы жить, совсем не обязательно есть, то тогда существует еще множество других вещей, которые только и ждут, когда мы их откроем для себя. Так начались мои спиритуальные поиски того, что всегда окружает нас, но не всегда может быть объяснено.

Вскоре после курса Светового питания в 2001 году я начал интенсивно работать над своей чувствительностью по отношению к тонким материям. Я получил способность видеть ауру и Световые тела людей, не зная, что они значат. В это время у меня на ментальном уровне состоялись два коротких контакта с внеземными существами, которые называли себя сантинянами. Они представляли собой женскую форму энергии, во время контактов они разговаривали со мной и передали мне короткие сообщения. В течение последующих лет я часто наблюдал на небе НЛО.

Начиная с 2002 года я начал слышать голоса ангелов и вознесшихся на небеса мастеров и стал передавать их послания людям. В первое время со мной работал только архангел Михаил. После интенсивного и тесного общения с ним в контакт со мной вступил Иисус Христос и многие другие Сущности. Во время этих ченнелингов они передавали людям свою любовь, чтобы коснуться ею их сердец.

В 2004 году в контакт со мной вступил Крайон — существо, излучающее любовь. Он сообщил мне, что я являюсь медиумом Нового Времени и буду передавать

людям послания Духовного мира. Крайон объявил мне, что передачей посланий я занимался уже на протяжении многих моих прежних инкарнаций.
Начиная с этого времени все больше Световых Сущностей стали через меня передавать свои послания и свою любовь. Эти Световые Сущности называли себя 36 Высшими Советниками Света. Они соединились, чтобы помочь людям в процессе Вознесения и передать им необходимую для этого информацию.

Затем работающая на Духовном уровне команда врачей под руководством доктора Кана начала «через меня» проводить энергетические операции. Доктор Кан, ныне покойный австрийский врач, работает теперь с разными медиумами и совершает различной сложности операции. Эти операции проходят в Световых и физических телах людей. Так, например, в России он всегда проводит подобные энергетические операции со всеми присутствующими на моем семинаре. Лечение, которое проводится во время этих ченнелингов, отличается высокой интенсивностью и эффективностью.

С 2006 года я провожу свои семинары-ченнелинги в России, Украине и Беларуси, чтобы здесь передать людям послания Крайона и 36 Высших Советников Света. Послания Нового Времени представляют собой такие послания, которые объясняют процессы, протекающие в настоящий момент на Земле, и то, как будет происходить смена измерений и что надо будет делать в это время. Во время передачи этих посланий людям оказывается также поддержка, чтобы они смогли повысить частоту своих вибраций, получить новые профессии и некоторые целительные сеансы. Я благодарен посетителям своих семинаров за доверие мне и посланиям Нового Времени.

Очень важно понять, что поднятие вибраций становится все более необходимым для людей. Так, например, во время семинара-посвящения Рафтан, я повышаю вибрации людям до уровня 999. Смена измерений свершится лишь тогда, когда Земля, Леди Гайя, сама будет находиться на таком уровне вибраций. Поскольку переход в иное измерение сопряжен с повышением энергии, вибрации в каждом человеке тоже должны подняться, чтобы мы смогли воспринять высокую магнитную энергию. Лишь после этого сможет свершиться переход на более Высокий Уровень Сознания. Одновременно благодаря Рафтану происходит создание объединенной чакры, которая является предпосылкой полноценного функционирования многих других ваших способностей. Так, например, МерКаБа сможет раскрыться на все 100% лишь тогда, когда Единая чакра даст вашей энергетической системе возможность воспринять необходимое для этого количество энергии.

В профессиях Нового Времени используются техники неземного происхождения. И эти профессии может приобрести любой, кто желает изменить свою жизнь.

Так, профессии Световой Косметолог, Целитель Нового Времени, Маг и Терапевт Божественного выравнивания тела уже доступны на русском языке.

Работая Световым Косметологом, вы можете использовать высокочастотные кристаллы, которые останавливают процессы старения организма на уровне ДНК и омолаживают внешность человека. Программы старения и умирания, заложенные в ваших клетках, удаляются, и закрепляется новая информация — омоложение, повышение энергии и исцеление. Световое тело балансируется и очищается.

После индивидуального Посвящения в профессию Терапевта Божественного выравнивания тела вы сможете уже во время первого сеанса выровнять длину ног, искривление тазовых костей, лопаток и позвоночника. При сильном искривлении позвоночника следует подождать еще три месяца, так как энергия работает с человеком в течение трех месяцев и после проведенного сеанса. Этот ощутимый и доказательный метод представляет собой квантовый прыжок в иное измерение и способствует тому эволюционному развитию, которое мы сейчас переживаем.

Профессия Целителя Нового Времени становится возможной, если в вашем Световом теле в процессе Посвящения будет открыт канал, по которому во время сеансов лечения будет поступать мощная целительная энергия с уровнем вибраций 999. Кроме этого, вы сможете использовать световые кристаллы и ритуалы родом с планеты Сириус, которые применяются на более Высоких Световых Уровнях. Лечение происходит на физическом, эмоциональном, ментальном и спиритуальном планах. Поэтому результаты очень эффективны.

Профессия Мага не имеет ничего общего с волшебством или колдовством. Эта профессия Нового

Времени отличается высокой эффективностью. Вы почувствуете силу и действенность ритуалов, которые невозможно понять с помощью человеческого разума.

Световое Питание «Таба Тес» — это программа, благодаря которой вы можете перейти на питание Светом. Вы получаете все необходимые питательные вещества и витамины, в которых нуждается ваше тело, с помощью кристаллов. Или, пройдя Посвящение, вы сможете брать из Света Живые Субстанции Высокой Энергии.

Впервые в России открыла свою работу Kryonschule — Школа Крайона, которая предлагает вам 48 шагов Крайона и 6 подъемов. По окончании этой школы вы становитесь Био энерготерапевтом. При обучении затрагиваются многочисленные темы, например такие, как — Целительство, Метафоризация, Материализация, Телекинез и путешествия Светового тела в другие измерения и многое другое. Информация по обучению: www.schkolakryona.com.

Я надеюсь, что смог объяснить вам несколько подробнее, в чем заключается моя работа, и буду чрезвычайно рад, если смогу поприветствовать вас на одном из моих следующих семинаров.

Более подробную информацию вы можете найти на нашем сайте: www.kryon-russisch.eu.

Ответим на ваши вопросы по
e-mail: leandra999@kryon-russisch.eu.

Теперь ты являешься обладателем важной информации, благодаря которой можешь приблизиться к истине и к Действительности, из которой ты пришел на эту планету. Ты — ангел, который несет Свет на Землю. Открой свое сердце и вдохни Божественную Любовь!

Ваш Алока Нама Ба Хал

Божественное выравнивание тела

Любовь и сила поля Божественной мысли могут возродить в каждом человеке индивидуальный Божественный порядок. Таким образом начнется процесс Исцеления и можно избавиться от проблем со спиной и осанкой.

Божественное выравнивание тела на физическом уровне заключается в следующем:

- *позвоночник выпрямляется;*

- *лопатки распрямляются и становятся на одном уровне;*

- *исправляется искривление таза с выравниванием длины ног.*

Благодаря этому исчезают боли, исцеляются органы и многие хронические заболевания. После сеанса отмечаются также улучшения в эмоциональном состоянии людей. На тонкоматериальной плоскости снимаются энергетические блокады, и тем самым можно на физической плоскости продолжать тонкоматериальную новую установку.

Божественное выравнивание тела осуществляют с помощью Иисуса Христа. Он приносит тебе энергию Спасения, и твое истинное Я может занять свое законное место в твоей жизни. Разреши себе это и позволь Свету, Силе и Милосердию Христа проникнуть в тебя.

Исцеление происходит абсолютно индивидуально, реакции и изменения после этого лечения также исключительно индивидуальны и не могут сравниваться друг с другом и обобщаться.

Групповые сеансы-исцеления и сертифицированное индивидуальное Посвящение в профессию «Терапевт Божественного выравнивания тела» я также предлагаю в России и других русскоязычных странах.

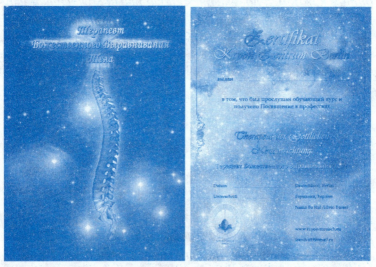

Подробнее об этих сеансах вы можете узнать на нашем сайте: www.kryon-russisch.eu или leandra999@mail.ru

Нама Ба Хал

Д-р Кан

В связи с тем что меня постоянно спрашивают о том, кто такой д-р Кан, я хотел бы дать некоторую информацию о нем самом и его команде духовно-действующих врачей, чтобы у вас сложилось лучшее представление о д-ре Кане и его работе.

Д-р Кан, или, правильнее говоря, его душа, пережил множество инкарнаций на Земле. В своей последней инкарнации он родился в Австрии, назывался доктором Каном и жил во времена Первой мировой войны. Мы бы сегодня назвали его хирургом.

Сохранилось очень мало фотографий и рисунков, на которых можно увидеть его лицо. У него были черные волосы, он был бородат и долгие годы жизни носил очки.

Рассказывая об энергетических операциях под руководством д-ра Кана, я должен упомянуть, что операции проводятся в присутствии и многих других духовно действующих врачей. Бывает, что операцию ведет другой врач, специализирующийся в данной отрасли. Работа д-ра Кана и его коллектива не ограничивается лишь энергетическим телом человека: если это необходимо, она затрагивает и физическое тело, что доказывают многочисленные отчеты людей и рентгеновские и ультрафиолетовые снимки.

Во время лечения люди часто засыпают. Они думают, что просто устали, но д-р Кан говорил мне, что люди перед операцией получают энергетический наркоз и потому засыпают. До сих пор все клиенты вновь просыпались точно к окончанию лечения. Это довольно забавно, когда во время семинара, на котором присутствует около 500 человек, три четверти участников спят на своих стульях и в помещении слышен дружный храп.

Я считаю работу с д-ром Каном прекрасной и легкой. Легкой я ее называю потому, что мне очень легко удается связываться с его энергией. Нечто похожее у меня происходит с энергией д-ра Августо, другого духовно действующего врача.

Лет шесть назад я трижды или четырежды побывал на лечении у Стефана Туроффа, которого считаю одним из самых удивительных целителей настоящего времени. Он уже долгое время помогает д-ру Кану. После моего лечения у Туроффа д-р Кан дал мне знать, что хочет работать со мной. Я чувствовал и чувствую себя очень польщенным.

Благодаря работе д-ра Кана произошли многие исцеления, которым я до сих пор не перестаю удивляться.

Однако не хочу скрывать, что ко мне приходили и такие люди, которые побывали на лечении у д-ра Кана, но никаких изменений в их состоянии не наблюдалось. Я сам никоим образом не могу повлиять на то, что во время индивидуальных сеансов или многолюдных семинаров делает с моей помощью духовно действующий целитель. Люди могут говорить о своих желаниях, указывать, при каких заболеваниях им необходима помощь, но над чем затем работают д-р Кан или д-р Августо, известно только им.

Я воспринимаю д-ра Кана с его энергией как друга-отца. У него очень умиротворяющая энергия, и в большинстве случаев испытываешь радость во время его работы. Он — необычайно любящий и всегда найдет доброе слово для людей, сам же очень любит юмор.

Д-р Августо немного иной в своей работе. Он тоже благорасположен к людям, но говорит намного меньше. Этот быстрый, аккуратный хирург требует во время своей работы покоя.

Но и того и другого кое-что объединяет: они не ставят никаких диагнозов и не говорят, что должен делать пациент. Они воздействуют на пациента и делают то, что необходимо сделать именно для него в данный момент. Вот почему время, которое они тратят на лечение своих пациентов, всегда будет разным.

Я надеюсь, что благодаря моему рассказу работа д-ра Кана и д-ра Августо стала чуть ближе и понятней тебе.

Ан Анаша.

Нама Ба Хал

Крайон. Я касаюсь тебя

Крайон и 36 Высших Советников Света передали свои послания Нового Времени через медиума Нама Ба Хал. Книга представляет собой нечто большее, чем то, что люди обычно понимают под этим словом.

В предисловии к книге Крайон сказал следующее: «Эта книга — живая сущность». Это живая, ориентированная на вас и постоянно работающая с вами энергия сознания.

Когда бы вы ни взяли книгу в руки или даже просто ни сфокусировались на ней, вибрации Крайона и 36 Высших Советников Света сразу же вступят в контакт с вашим световым телом. Таким образом, Крайон, Адонай Аштар Шеран или, например, доктор Фриц, Шакти, архангел Михаил передают вам свои послания из сферы всеобъемлющей любви. Вибрации каждого отдельного послания коснутся самых глубин души читателя.

В этой книге читатели получат информацию о том, почему объединенная чакра представляет собой чакру Нового Времени. Крайон сообщит также о времени перемен и о том, как начнется переход в иное измерение.

Кроме того, Крайон расскажет о магнетической энергии и о языке Света. Впервые в мире язык Света появится в книге в печатном виде. Адонай Аштар Шеран поведает вам о корабле Света и сможет взять читателя, точнее, отдельные составляющие его «Я» с собой на этот корабль. Доктор Фриц проинформирует вас о духовных операциях, а его энергия будет работать над тонким и физическим телами читателя. Благодаря этому может произойти исцеление. Доктор Кан откроет для вас целительный канал, через который во много раз усиленная целительная энергия устремится сквозь ваши ладони. Архангел Михаил расскажет о времени Авалона и отсечет своим мечом все те связи, которые мешают читателю. Энергия Шакти несет в себе информацию о женской энергии, активируя ее при этом. Иисус Христос расскажет об отношениях в эпоху Нового Времени. Адонай Аштар Шеран и Крайон проинформируют вас о телепатии.

Помимо этого, читателя ожидают три трогательные истории. Крайон ответит также на вопросы читателей. Далее читателей ждут 8 ченнелингов, которые были переданы с большой любовью Крайоном и другими Высшими Советниками Света через Нама Ба Хал.

Со страниц книги действуют вибрации и послания Нового Времени, с каждым из читателей она работает индивидуально. Отключите свой разум, познайте любовь Бога и позвольте Свету Любви прикоснуться к вашей душе. Эта книга больше чем просто книга — это инструмент Нового Времени.

Книга «Крайон. Я касаюсь тебя» печатается в издательстве «Вектор».

Крайон. «Ответы и пророчества Нового Времени»

Омар Та Сатт, возлюбленный человек.

Я, Крайон, твой друг, и я счастлив передать тебе с помощью этой книги исполненные силы послания Нового Времени. Магнетическая энергия, направляемая к тебе Крайоном, обладает такой мощью, что способна поддержать тебя в твоем Пробуждении. Никогда прежде послания из этой книги не были записаны человечеством.

Это — Откровения о вашем происхождении, истина о Лемурии, Люцифере и библиотеке кристаллов на Земле. Я расскажу тебе о моем происхождении, Вселенной Квадрил 5, и ты почувствуешь, что значит быть связанным со своим истоком.

За каждым моим словом скрывается энергетический образец, который сохранится в твоем Световом Теле и вознесет тебя в твоем Свете. Кроме того, я отвечу на вопросы, принеся свет в те сферы, которые только и ждали, когда луч истины озарит их.

Доверься посланиям Нового Времени. Я со всей моей любовью пребываю рядом с тобой, ибо ты — моя семья.

Ан Анаша.

Крайон

Эта книга важна каждому, так как содержит в себе информацию о предстоящем времени Вознесения и перехода в другое измерение, которое с волнением и трепетом ждут уже многие тысячи землян. И именно ты, читатель, узнаешь, как будет протекать переход и что в это время нужно делать людям. Открой свое сердце и почувствуй свою Божественность.

Книга Крайона «Ответы и пророчества Нового Времени» выходит в издательстве «Вектор» в 2010 г.

Крайон
Ответы и пророчества Нового Времени.
Принято Нама Ба Хал

Омар Та Сатт, дорогой читатель. Я рад, что эта книга пробудила твое внимание, и до того как Крайон адресует тебе свои послания, мне хотелось бы более подробно рассказать о ней.

Как обычно, когда духовный мир направляет людям свои послания, в их слова закладываются определенные энергетические образцы. И тогда во время чтения посланий данная энергия устремляется к читателю, начиная свою работу с ним/с ней. Точно так же обстоят дела и с этой книгой. В ее послания Крайон заложил энергетический образец Любви и Силы. Кроме того, в посланиях была сохранена энергия Пробуждения. Таким образом, благодаря данной книге к тебе устремится энергия невероятной мощи и силы. Ты сможешь ощутить дыхание Бога, обнаружить его благодаря потоку энергии Милосердия в каждом слове этой книги.

Если ты готов сердцем понять послания Крайона, ты почувствуешь в глубинах своего сердца любовь, сохраненную Крайоном в каждой отдельно взятой букве, примешь ее душой, подобно нектару.

Кроме того, всякий раз, когда ты будешь брать в руки эту книгу, Крайон и 36 Высших Советников Света будут рядом с тобой, окутывая тебя своей любовью. Это — Истина.

Все те вопросы, на которые Крайон отвечает в настоящей книге, задавали мне во время моих семинаров в Москве, Санкт-Петербурге, Вильнюсе, Киеве, присылали по электронной почте. И поскольку из-за нехватки времени ответы на многие из них так и не были даны, однажды Крайон сказал мне: «Давай вместе напишем книгу, в которой ответим на вопросы, заданные тебе людьми в России и русскоязычных странах. Потому что у людей из разных стран и вопросы возникают разные. Так, например, у людей, живущих в США или Германии, рождаются совсем иные вопросы, нежели у жителей России. Причин тому множество. К примеру, информация Нового Времени намного больше известна в Германии, чем в России. Вот почему жители Германии задают иные вопросы, чем жители России. Я хотел бы с помощью настоящей книги предоставить людям русскоязычных стран возможность получить послания Нового Времени, дать им почувствовать связанную с этим трансформацию энергии в их Световом теле».

Далее Крайон сказал, что в прошлом тоже очень часто задавали вопросы и довольно часто на них получали ответы. В книге, которую ты сейчас держишь в руках, Крайон хочет специально ответить на вопросы, порожденные Новым Временем и сменой измерений. Параллельно он осветит вопросы прошлого с точки зрения Нового Времени.

В задачи Крайона и других Высших Световых Сущностей входит информирование людей о том, что означает процесс вознесения, смена измерений, какие перемены предстоит пережить человечеству и что может сделать каждый, чтобы смена измерений прошла для него как можно более гармонично.

Крайон и многие Высшие Существа Света сочли своим долгом поддержать людей во время этих великих преобразований и передать им послания, которые смогут принести пользу человечеству. Эта группа Световых Сущностей зовется 36 Высших Советников Света.

К ним относятся архангел Михаил, ангел Хамуэль, Адонай Аштар Шеран, Мелек Метатрон, Тот, Марис, Шива, Бог Солнца, Шельдрак, Иисус Христос, Леди Нада и многие другие.

Чтобы понять суть ответов на некоторые из заданных вопросов, необходим подробный рассказ Крайона о развитии планеты Земля и человечества. Из подобных объяснений в конечном итоге и родилась отдельная книга, поскольку Крайон в значительной степени увеличил объем информации. Я же решился опубликовать под одной обложкой обе части книги — и пояснения Крайона, и ответы на вопросы.

В самом начале книги Крайон передаст тебе новейшие послания, порожденные сменой измерений, происходившей в момент написания книги. Ты обретешь множество новых знаний. Отвечая на вопросы, он зарядит свои слова магнетической энергией Любви Крайона. У многих из читателей вызовет неподдельный интерес вводная глава, в которой Крайон рассказывает о себе самом и своем происхождении. Благодаря этому рассказу многие из людей будут намного лучше воспринимать энергию и слова Крайона.

Я решился в отдельной главе опубликовать те из заданных мне вопросов, ответ на которые я смог дать благодаря моей многолетней деятельности медиума, поскольку именно человеку, а не Световым Сущностям лучше и яснее удается выразить некоторые мысли.

Эта книга станет для тебя очень личной, так как Крайон работает со Световым телом каждого отдельного читателя. Некоторые из посланий, где Крайон, например, говорит об Иисусе Христе или Мелеке Метатроне, заряжены такой силой и любовью этих Световых Сущностей, что они глубоко проникнут в твое сердце.

То, что действительно произойдет с тобой благодаря чтению данной книги, невозможно описать человеческими словами. Чтобы лучше объяснить тебе подобную мысль, я как можно подробнее опишу в отдельной главе те чувства и ощущения, что обуревали меня самого во время работы над книгой. Должен признаться, что во время написания каждой главы я очень сильно ощущал энергию Шельдрака, Световой Сущности, вознесшейся до статуса Бога. На протяжении целого ряда эпох он боролся во имя Света и проповедовал в эпоху, предшествующую рождению Иисуса Христа. Чуть позже об этом будет рассказано больше.

Сейчас мы живем в совершенно иные времена, чем еще пять лет тому назад, теперь у Световых Сущностей появилась возможность работать с нами.

Осознай, что эта книга живет, что она — живая эссенция. Дыхание Бога струится с ее страниц, проникает в твою Душу и возносит тебя в твоем Свете.

Я желаю каждому из читателей прекрасно провести время за чтением книги и хочу еще раз заверить тебя в том, что Крайон и 36 Высших Советников Света будут рядом с тобой, едва ты возьмешь в руки этот труд. Уже в настоящий момент их внимание направлено на тебя, а их безграничная любовь изливается на тебя. Они склоняются пред тобой, чтобы возвысить тебя.

От первопроходца к первопроходцу они приветствуют тебя словами «Омар Та Сатт» («Добро пожаловать»)!

Позволь же их посланиям и информации подействовать на тебя, и ты многое сможешь понять значительно лучше. Ты узнаешь, что следует делать во время смены измерений, ибо Высшие Советники дадут тебе подсказку.

Я благодарю тебя за твой Свет и твою Любовь. Я благодарю тебя за твое доверие, с которым ты отнесся ко мне, медиуму, и обращаюсь лично к тебе со словами: «Истина всегда отыщет себе дорогу».

Ан Анаша. (С благодарностью!)

Нама Ба Хал

Издательство «Вектор»
http://www.vektorlit.ru
Тел.: (812) 406-97-60, 406-97-61
Адрес для писем: 197022, СПб., а/я 6
E-mail: dom@vektorlit.ru

Тел./факс отдела сбыта: (812) 320-69-41, 320-97-37
E-mail: sale@vektorlit.ru, www.vektorlit.ru

ВЕКТОР-М — торговое представительство
издательства «Вектор» в Москве:
тел.: (495) 647-14-93, моб. тел.: +7 (926) 911-01-52;
e-mail: info@m-vektorlit.ru

ПРИГЛАШАЕМ К СОТРУДНИЧЕСТВУ АВТОРОВ!
*Присланные рукописи не возвращаются
и не рецензируются.*

По вопросам размещения рекламы в книгах издательства «Вектор»
обращаться по тел.: (812) 406-97-60, 406-97-61;
e-mail: reklama@vektorlit.ru

Крайон
ЧЕННЕЛИНГИ, ПРОНИКАЮЩИЕ В ДУШУ.
Принято Нама Ба Хал

Главный редактор *М. В. Смирнова*
Ведущий редактор *Н. Ю. Смирнова*
Художественный редактор *Г. С. Караханян*

Подписано к печати 27.08.2011. Гарнитура Bannikova.
Формат 60×90 $^1/_{16}$. Объем 6 печ. л. Печать офсетная.
Доп. тираж 2500 экз. Заказ № 5118.

*Налоговая льгота —
общероссийский классификатор продукции
ОК-005-93, том 2 — 953000*

Отпечатано по технологии CtP
в ИПК ООО «Ленинградское издательство»
194044, Санкт-Петербург, ул. Менделеевская, д. 9.
Телефон /факс: (812) 495-56-10

Книга-почтой: www.postbook.ru

(812) 952-08-99, 715-36-66

Серия: Канал Крайона

Крайон

Я касаюсь тебя

Ченнелинг через Нама Ба хал

Формат: 145 × 215 мм; объем: 176 стр.; обложка

Появления этой книги ждали тысячи читателей во всем мире. Первые тиражи вышли на немецком и английском языках, теперь книга вышла и на русском!

Теперь и вам доступно самое популярное эзотерическое учение начала XXI века, знания, переворачивающие представления о судьбе человечества, о необычных супер-возможностях, заложенных в каждом из нас.

Книга содержит уникальные ключи-коды, скрытые в текстах, благодаря им вам предстоит совершить потрясающие открытия. Тайные знания станут доступны: живая и постоянно работающая энергия Сознания расскажет обо всем, чего мы еще не знаем, но непременно хотим узнать!

Читайте в серии:

- Крайон. Ченнелинги, проникающие в Душу. Принято Нама Ба Хал
- Крайон. Ответы и пророчества Нового Времени. Принято Нама Ба Хал

Уважаемые читатели!
Эти книги можно заказать по почте. Позвоните по телефонам **(812) 952-08-99, 715-36-66** и узнайте номер заказа, а также точную стоимость книг с доставкой.

КНИГА-ПОЧТОЙ:
192029, Санкт-Петербург, а/я 25(В); kniga-poshtoi@mail.ru
Тел.: (812) 952-08-99, 715-36-66. **www.postbook.ru**

Книга-почтой: www.postbook.ru
(812) 952-08-99, 715-36-66

Серия: Канал Крайона

CD с медитативной музыкой, полученной по каналу Крайона

Я рад возможности представить музыкальное произведение «Я касаюсь тебя», которое было написано немецким композитором-ченнелером Эль Могар Ба. Эль Могар Ба, зная содержание книги Крайона «Я касаюсь тебя», написал посредством ченнелинга музыкальное произведение, которое полностью раскрывает все аспекты книги.

Ты можешь использовать этот диск для медитации, для лечебных сеансов, как фоновую музыку при ченнелингах и просто как фоновую музыку во время твоей ежедневной работы.

Магнитные колебания этой музыки коснутся очень глубоко твоего сердца, и ты почувствуешь, как приближаешься благодаря этому к эссенции твоего Высшего Я. Потому что эта мелодия энергетизирована Крайоном и 36 Высшими Советниками Света, которые так безмерно любят тебя.
Я желаю тебе много радости и трогательных моментов...

Нама Ба Хал

Читайте в серии:
- Крайон. Я касаюсь тебя. Ченнелинг через Нама Ба Хал
- Крайон. Ченнелинги, проникающие в Душу. Принято Нама Ба Хал
- Крайон. Ответы и пророчества Нового Времени. Принято Нама Ба Хал

Уважаемые читатели!
Эти книги можно заказать по почте. Позвоните по телефонам **(812) 952-08-99, 715-36-66** и узнайте номер заказа, а также точную стоимость книг с доставкой.

КНИГА-ПОЧТОЙ:
192029, Санкт-Петербург, а/я 25(В); kniga-poshtoi@mail.ru
Тел.: (812) 952-08-99, 715-36-66 **www.postbook.ru**

КНИГА-ПОЧТОЙ: www.postbook.ru
(812) 952-08-99, 715-36-66
Серия: Канал Крайона

Крайон
Ответы и пророчества Нового Времени
Принято Нама Ба Хал

Формат: 145 × 215 мм; объем: 192 с.; обложка

Эта книга — продолжение всемирно известных энергетических посланий Крайона: «Крайон. Я касаюсь тебя. Принято через Нама Ба Хал» и «Ченнелинги, проникающие в Душу. Принято Нама Ба Хал»!

Наступила эпоха великой трансформации энергий Вселенной. И эти энергетические вибрации существенно влияют на всю жизнь на нашей планете. Нарушается сама структура времени, что сильно меняет биоритмы человека, ломая привычный образ жизни каждого из нас.

Новая книга Крайона даст вам самую достоверную информацию, полученную напрямую из глубин космоса. Вас ждут ответы на самые волнующие вопросы, предсказания, которые предупредят и укажут верный путь к новой жизни в новой Эре. Помимо этого в книге: история происхождения Крайона; откровения о возникновении человечества; истина о Лемурии, Люцифере и библиотеке кристаллов на Земле; рассказ о Вселенной, дарующей связь человека со своими истоками и многое другое.

Другие книги в серии:
- Крайон. Ченнелинги, проникающие в Душу. Принято Нама Ба Хал
- Крайон. Я касаюсь тебя. Принято через Нама Ба Хал

Уважаемые читатели!
Эти книги можно заказать по почте. Позвоните по телефонам **(812) 952-08-99, 715-36-66** и узнайте номер заказа, а также точную стоимость книг с доставкой.

КНИГА-ПОЧТОЙ:
192029, Санкт-Петербург, а/я 25(В); kniga-poshtoi@mail.ru
Тел.: (812) 952-08-99, 715-36-66. **www.postbook.ru**

ОТДЕЛ ПРОДАЖ: тел/факс: (812) 320-97-37, 320-69-41, 406-97-64, 406-97-63
e-mail: sale@vektorlit.ru, www.vektorlit.ru

ВЕКТОР-М — торговое представительство издательства «Вектор»
в Москве: тел.: (495) 647-14-93, моб. тел.: +7 (926) 911-01-52;
e-mail: info@m-vektorlit.ru

ОПТОВО-РОЗНИЧНЫЙ МАГАЗИН издательства «Вектор»
Санкт-Петербург, пр. Обуховской обороны, д. 105 (ДК им. Крупской),
павильон 37, телефон: (812) 412-59-93

КНИГА-ПОЧТОЙ: тел. (812) 952-08-99, 715-36-66;
e-mail: kniga-poshtoi@mail.ru
Россия, 192029, Санкт-Петербург, а/я 25; **www.postbook.ru**

Город	Фирма	Контакты
Москва	Хит-книга	(901) 524-52-50, (812) 290-95-84, (812) 973-49-01
	Амадеос	(495) 513-57-77, 513-57-85, 513-55-03
	Лабиринт	(495) 231-46-79, www.labirint-shop.ru
Санкт-Петербург	Буквоед	(812) 601-0-601 круглосуточно, www.bookvoed.ru
	СПб Дом Книги	(812) 448-23-55
Воронеж	Амиталь	(4732) 26-77-77, mail@amital.ru, www.amital.ru
Екатеринбург	Люмна	(343) 264-23-61, 264-23-62
	Дом книги КТК	(343) 253-50-10, domknigi@k66.ru
Иркутск	Продалитъ	(3952) 51-30-70, www.prodalit.ru
Казань	«Дом книги»	(843) 295-12-71 www.bookskazan.ru
Краснодар	Когорта	(861) 262-54-97, 210-36-27, 262-20-11
Омск	Живые мысли	(3812) 21-15-47, 8-913-145-99-83
Новосибирск	«Топ-Книга»	(383) 344-96-96, 363-34-74
Пермь	ИП Крохина	(342) 281-23-61
Пятигорск	Твоя Книга	(8793) 39-02-54, 39-02-53, www.kmv-book.ru
Ростов-на-Дону	ЧП «Остроменский»	(8632) 32-18-20
Рязань	Барс	(4912) 93-29-55, 93-29-54
Самара	Чакона	(846) 331-22-33
Уфа	Азия	(3472) 50-39-00
Хабаровск	МИРС	(4212) 47-00-47, www.bookmirs.ru
Якутск	«Книжный маркет»	(4112) 34-20-47, www.books.ykt.ru
УКРАИНА	Арий	1038 (044) 537-29-20, 407-10-30
	EZOP.UA	1038 (044) 578-24-54, www.ezop.ua
	ЧП Петров	1038 (044) 230-81-54, petrov_kiev@svitonline.com
	Книжный магазин «Страница»	1038 (044) 383-20-73, www.stranica.com.ua
ПРОДАЖА КНИГ в Европе	Атлант	+49 (0) 721-183-12-12, www.atlant-shop.com, atlant.book@online.de
Израиль	Спутник	+972-9-7679996, zakaz@sputnik-books.com, Тель-Авив, ул. Хель-Аширион, 79
Интернет-магазин	Озон	www.ozon.ru
Интернет-магазин	Книга-почтой	www.postbook.ru Тел.: (812) 952-08-99, (812) 715-36-66